아이디어 천재가 되는 초간단 발상법

생각마법서

아이디어 천재가 되는 초간단 발상법

생각마법서

2019년 12월 7일 초판 1쇄 발행

지은이   박정욱 · 박성민
펴낸이   안호헌
디자인   바이브온

펴낸곳   도서출판 흔들의자
　　　　　 출판등록   2011. 10. 14(제311-2011-52호)
　　　　　 주소   　 서울 강서구 가로공원로84길 77
　　　　　 전화   　 (02)387-2175
　　　　　 팩스   　 (02)387-2176
　　　　　 이메일   　rcpbooks@daum.net(편집, 원고 투고)
　　　　　 블로그   　http://blog.naver.com/rcpbooks

ISBN 979-11-86787-21-2 13190
ⓒ 박정욱, 박성민 2019. Printed in Korea

* 이 도서는 '한국출판문화산업진흥원의 '2019년 출판콘텐츠 창작 지원사업'의 일환으로 국민체육진흥기금을
　지원받아 제작되었습니다.

* 이 도서의 국립중앙도서관 출판예정도서목록(CIP)은 서지정보유통지원시스템 홈페이지(http://seoji.nl.go.kr)와
　국가자료공동목록시스템(http://www.nl.go.kr/kolisnet)에서 이용하실 수 있습니다. (CIP제어번호: CIP2019046951)

아이디어 천재가 되는 초간단 발상법

생각마법서

박정욱·박성민 지음

CONTENTS

이 책을 재빨리 환불해야 하는 독자들

혁신적인 생각이 즉시 환영받는 일은 그다지 많지 않다.
누구든 자신에게 익숙하지 않은 것에 거부감을 느끼며,
다른 사람의 의견을 비판하는 일에 능숙하게 훈련되어 있다.
새로운 아이디어가 혁신적일수록, 그것은 그간의 지식,
평생의 경험에 반하기 때문에 결국 모두를 불편하게 만든다.

김대리, 이걸 아이디어라고 내나?
재미있는 생각이긴 한데, 원가는 생각해 보셨나요? 물류비도 굉장히
많이 들 것 같은데요.
김대리님, 상품성이 없어요. 이렇게 생긴 걸 누가 사요?

아이디어를 내는 것은 나를 피곤하게 만들 뿐!
사람들의 비판 속에 김대리의 말랑말랑한 두뇌는 뱃살과 맞교환 되어
간다.

이 책은 [원가를 절감하는 100가지 방법], [매력 있게 마케팅하는 방
법], [생산공정의 효율화]와 같은 책이 아니다. 이 책은 엉뚱한 생각을
만드는 방법, 남들이 상상하지 못하던 것들을 손쉽게 생각하는 방법,
30분 만에 새로운 상품의 영감을 얻는 방법, 어려운 문제를 해결하는

독창적인 비법을 이야기하는 책이다. (물론 이 책에서 소개하는 생각
마법들을 통해 원가를 절감하거나, 매력 있게 마케팅하거나, 생산공정
을 획기적으로 효율화할 수도 있겠지만)

이 책에서는 생각을 만드는 비법과 함께,
여러 재미있는 사례들을 소개하고자 한다.
그런 사례들을 보면서 김대리를 꾸짖듯 하고 싶은 독자라면,
책에 흠집이 나기 전에 재빨리 환불하기 바란다.
CNN 회장, 테드 터너는 혁신적인 아이디어를 제시할 때 사람들이
비웃지 않는다면, 그 아이디어는 좋은 것이 아닐 확률이 높다고 했다.

그리고, 이것은 100% 확실한 팩트인데, 사실 김대리의 아이디어에
대한 진짜 비판자는 김대리 자신이다.
새로운 생각이 떠올랐을 때, 그 생각을 비판하는 사람은 가족도 아니
고, 주변의 동료도 아니다. 나의 새로운 생각의 대부분은 사실 나 자신
에 의해 묻혀버린다. 엉뚱하고 실현 불가능해 보이고, 불필요해 보이는
모든 새로운 생각에 스스로 관대해져라.
이것이 발상, 아이디어, 창의력, 남다름, 번뜩임, 발명, 혁신의 시작이다.

훌륭한 생각들이 만들어지는 패턴을 알려주는 책, 열린 마음으로 읽고 두려움 없이 활용하세요.

박진석_영국 코벤트리 대학교 교수, 경영학 박사

해외 대학에서 다양한 국적의 학생들을 가르치고, 연구자들이나 기업인들과
이야기를 하다 보면 우리나라와 다른 큰 차이 하나를 발견하게 됩니다.
새로운 생각에 관대한 문화에서 살아온 사람들은 교과서나 매뉴얼에 없는
해결책을 매우 쉽게 찾아내곤 한다는 점입니다.
그 해결책이 정답인가는 부차적인 문제입니다.

획일적인 교육에 익숙하고, 하나의 정답에 길들여져 있는 한국 사람에게,
혁신적인 생각이란 그저 타고나거나 운 좋게 다가오는 것일지도 모릅니다.
생각마법서는 우리 주변에서 흔하게 접할 수 있는 예시와 기업의 혁신 사례들을 통해
훌륭한 생각들이 만들어지는 패턴을 알려주는 책입니다.
새로운 생각의 가치를 알고 있는 독자들이라면, 부디 열린 마음으로 읽고,
두려움 없이 활용하기 바랍니다.

사기꾼이 된
그레이엄 벨

1868년, 전화기를 발명한 그레이엄 벨이 전화기를 판매하려고 했을 때, 미국의 신문사인 뉴욕타임즈와 보스톤글로브는 다음과 같은 내용의 기사를 실었다.

'금속선을 통하여 인간의 목소리를 한 장소에서 다른 장소로 옮길 수 있다는 말은 매우 웃기는 이야기이다. 지식이 없고 미신에 사로잡힌 사람들을 현혹해 투자금을 갈취하려는 목적이 분명하다. 경찰은 선량한 시민들을 속이는 사기꾼을 빠른 시일 내에 체포해야 할 것이다.'

그레이엄 벨을 사기꾼으로 만든 것은 바로 고정관념이다. 혁신과 새로운 생각이 곧바로 다른 사람들의 환영을 받는 것은 쉽지 않은 일이다.

이 우산이
정말
최선입니까?

비가 쏟아지기 시작했다.
다들 우산을 쓰고 비를 피하며 길을 걷는다.
거리의 모든 사람들이 쓰고 다니는 이 우산,
모두 같은 모양의 이 우산은 정말 최선일까?

우산의 목적은 비를 막는 것이다.
비를 막는 목적을 달성하기 위한 방법이,
지금 그 모양의 우산뿐일까? 더 나은 우산은 없는 걸까?
마케팅팀에서 제기할 상품성 문제나 기술팀의 의견,
제작팀의 제조원가 같은 것은 일단 잊어보자.
(아니, 이 책이 끝날 때까지 잊어주면 좋겠다)

앞으로 익히게 될 생각의 마법들이 천편일률적인 우산들을
어떻게 바꾸어 주는지, 그 생각의 마법들이 어떠한 방식으로
작동하는지 살짝 먼저 맛을 본다면 이 책을 읽을 의욕이
조금은 더 고취될 것이다.

생각마법 1번 합치기 마법이다.
(외울 필요 없다. 뒤에서 모두 설명할 것이다)
아이들에게는 이런 우산이 좋겠다. 우산과 비옷을 mix한 이 우산은 비옷처럼 거추장스럽지도 않고, 아이들이 가방을 메기에도 불편함이 없다. 비옷보다 더 오래 쓸 수 있고, 우산처럼 들고 다니지 않는다.
아이들은 우산을 얌전히 쓰고 다니는 존재가 아니다.

UFOCAP umbrella
(출처: www.ufocap.com)

fan umbrella
(출처: www.water-front.co.jp)

우리나라에서 비 오는 날은 대부분 습한 여름이다. 손잡이의 스위치만 누르면 머리 위의 선풍기에서 시원한 바람을 솔솔 불어줄 것이다. 역시 생각마법 1번, 합치기이다.

바람이 불어서 우산이 뒤집어져도, 망가질 염려가 없는 방향 바꾸기 마법(생각마법 11번)이 적용된 우산, 우산을 세워 놓기에도 좋고, 일반 우산보다 내구성도 뛰어나다고 한다.

일본 디자이너 Hiroshi Kajimoto의
아이디어 우산, Un-brella
(출처 : http://h-concept.jp/fs/hshop/c/unbrella)

Dog umbrella (출처: LesyPet)

비 맞는 강아지를 위한 또 다른 방향 바꾸기(생각마법 11번) 우산이다. 우산 끝에는 목줄까지 달려있다.
실제로 판매되는 제품이다.

우산은 좌우 대칭이어야 한다는 상식을 깬 우산으로 유명하다. 비대칭(생각마법 7번)이기 때문에 100Km가 넘는 태풍도 견딜 수 있고, 빗물이 등을 적시는 일도 없어 좋은 우산.
TV에도 여러 번 나온 적이 있다.

센즈(Senz) 우산
(출처: www.senz.com)

마이펀 아동우산
(출처: myfun.modoo.at)

야광 우산은 밤에 좋을 것 같다. 밤에 자동차가 사람을 발견하지 못해서 사고 나는 일도 훨씬 줄어들 것이다. 별도의 전원 없이 야광이나 빛을 반사하는 원리로 색깔을 환하게 바꾸어주는 우산이다. 특히 아이들은 우산 살의 끝 부분에 다치기도 하는데, 사진과 같이 곡선으로 처리하면 안전사고가 더 줄어들 수 있다.

생각마법 10번 색깔 바꾸기, 생각마법 8번 곡선으로 만들기가 적용되어 있다.

CHAPTER 1
이 우산이 정말 최선입니까?

Nubrella (출처: www.nubrella.com)

높이 맞추기 마법(생각마법 16번)이 적용된 우산이다.
정말 편리해 보인다.

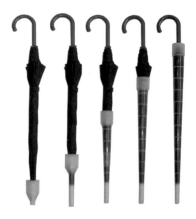

포개기 마법(생각마법 5번)이 적용된 우산이다.
일본에서 에티켓 우산이라는 이름으로 판매되었던
이 우산은, 비닐 커버로 환경을 오염시키지도 않고,
우산 커버를 잃어버릴 염려도 없다.
우산에서 흘러내린 물이 바닥을 적시는 일도 없다.

고급우산 (출처 : www.25logo.com)

일부를 다르게하기 마법(생각마법 9번)이 적용된 우산이다.
푹 눌러써도 시야를 확보할 수 있다.

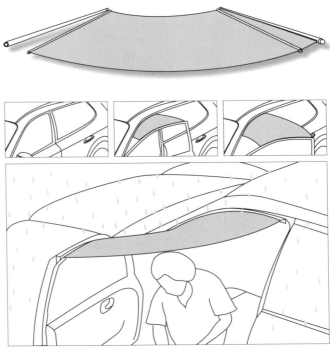

Rainvisor Umbrella

자동차에 부착하면 좋을 우산이다. 머리숱도 없는데 아무리 노력해도 비를 맞는 바로 그 타이밍이다. 생각마법 5번이다.

Air Umbrella

우산에서 뭘 빼낼 수 있을까, 무엇이 필요 없을까?
그림에서처럼 우산 날개를 생각해 냈다면, 진정한 생각 천재다.
우산대에서 나오는 공기압이 빗방울을 밀어내어 우산 날개가 필요 없는 우산이다. 이 아이디어는 Air Umbrella라는 이름으로 중국의 추안 왕에 의해 모터를 내장하여 실제로 구현되었다.
생각마법 3번, 빼내기 마법이 적용되었다.

우산에 생각마법들을 적용해서 얻을 수 있는 다양한 결과물들을 살펴보았다. 실용성 없거나 상품성이 없는 아이디어들이라고 불만을 제기할 독자들이 있을지 모르겠지만, 위 사례에 있는 우산과 결합된 아이디어들 중 대부분은 이미 상품화가 되어 있거나, 작은 문제점(창피함, 문화, 가격 등)들이 해결되면 히트상품이 될 가능성을 가진 제품들이다.

우산은 단지 하나의 예일뿐이다.
주변에서 쉽게 볼 수 있는 어떤 물건, 어떤 문제에도 생각마법을 적용하면 모두 아이디어가 된다.

CHAPTER 2

생각
마법서

"김대리, 이번 신제품 아이디어는 어떻게 되어가고 있나?"
"경쟁사들과 차별화 시킬 수 있는 새로운 전략은
 무엇입니까?"
"하던 대로만 하지 말고, 새로운 생각을 좀 해봐요"

우리는 새로운 생각에 대한 압박을 직접적, 간접적으로 받으며
살아간다.

에디슨은 전구에 사용할 필라멘트 재료를 찾기 위해 금속
6000종, 동물의 털 2000종, 식물섬유 2000종 등, 1만 종의
재료로 테스트를 했다고 한다. 새로운 생각은 쉽게 태어나지
않는다.
에디슨은 99%의 노력이라고 말했지만, 번개와 같은 속도로
변화해가는 시대에 에디슨과 같은 방식은 효과적일까?

새로운 생각들을 더 쉽고 효율적으로 만들어내는 방법은 없을까?
다행히 생각을 만들어내는 마법과 같은 법칙이 있다.
지금부터 20가지의 생각마법들을 하나씩 살펴볼 것이다.
각 마법들이 어떻게 동작하는지, 어떻게 깜짝 놀랄만한 아이디어
고리로 연결되는지 그림책을 감상하듯 편안하게 살펴보기 바란다.

생각마법 1. 합치기

ⓘ 서로 다른 별개의 것을 하나로 합쳐라.
ⓘ 한 번에 여러 일을 동시에 할 수 있도록 합쳐라.

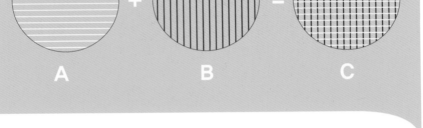

너무나 많은 새로운 제품들, 혁신, 기발한 아이디어는 단순히 A와 B를
합침으로써 탄생한다.

책 + 카페 = 북카페
사주 보기 + 카페 = 사주카페
보드게임 + 카페 = 보드게임카페
애견 + 카페 = 애견카페
아이 놀이터 + 카페 = 키즈카페

쉽다. 아주 많은 사업 아이템들이 이렇게 탄생한다.

우리 주변에는 여러 기능을 간편하게 수행하기 위해 하나로 합쳐진 수많은 사례가 있다. 진공청소기와 물걸레가 합쳐진 청소 도구도 있고, 복사기와 팩스, 프린터가 결합된 사무복합기도 있다. 샴푸와 린스를 합쳐 샴푸 린스 겸용 제품을 만들고, 휠(바퀴)과 체어(의자)를 합쳐서 휠체어를 만든다.

건강검진이나 치료와 함께 쇼핑, 관광도 하는 의료관광과 같은 마케팅 상품이 만들어지기도 한다.

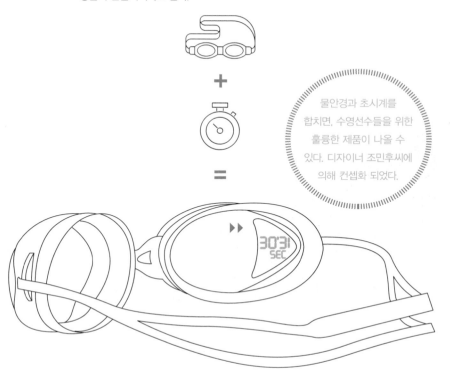

물안경과 초시계를 합치면, 수영선수들을 위한 훌륭한 제품이 나올 수 있다. 디자이너 조민후씨에 의해 컨셉화 되었다.

요리책을 보면
고추 몇 그램을 넣으라는데,
어쩌라는 것인지
짜증이 날 때!

g

15g

도마+저울

토스터+계란프라이 조리기

스푼+저울

의자+옷걸이 / 의자+가방 보관함
(출처 : www.yatzer.com/family-graduation-project-kaman-tung/
slideshow/7, 디자이너 Kaman Tung)

엄마 장갑+아이 장갑

칼+가위
(출처 : www.maepyo.com)

무언가를 자를 일이 있을 때는, 칼이건
가위건 필요한 대로 쓸 수 있다. 듀오컷이
라는 이름으로 판매 중이다.

(출처 : www.olaf-scooter.com)

킥보드와 캐리어를 합친다면?

스타트업이 만든 OLAF-scooter라는 제품이다. 가방으로 멜
수도 있고, 캐리어처럼 끌고 다닐 수도 있으며, 킥보드처럼 타
고 가방의 짐을 나를 수 있다.

OLAF-Business라는 제품도 있는데, 정장을 입고 기내 반입
이 가능한 캐리어 형태의 디자인을 가지고 있다.

스페인에서 실제 판매되고 있는 쿠션+리모컨

아마도 리모컨이 필요한 곳은 소파나 침대가 아닐까? 아래와 같이 쿠션과 더해진 리모컨은 어떨까? 리모컨을 분실해서 집 안을 헤매다니는 일이 사라질 것 같다.

디자이너 디디에 힐호르스트, 니콜라스 잠베티에 의해 만들어진 쿠션+리모컨

물안경과 초시계, 도마와 저울, 스푼과 저울, 의자와 옷걸이, 엄마 장갑과 아이 장갑, 쿠션과 리모컨처럼 단순한 합치기 과정을 통해 새로운 아이디어가 만들어진다.

합치기 생각마법은 연습하기 쉽다. 아무 연관이 없어 보이는 단어들을 주욱 늘어놓고, 강제로 합쳐보면 의외로 쉽게 재미있는 아이디어들이 탄생한다. 합친 결과로 새로운 가치(value)가 탄생한다면 그것이 바로 혁신이다.

생각마법 2. 다용도로 만들기

⏱ 하나가 여러 가지 일을 할 수 있도록 하라.

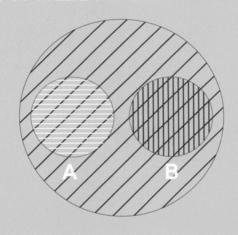

스티브잡스는 새로운 생각은 조합과 연결에서 나온다고 말했다. 애플로부터 시작된 스마트폰은 전화기, 카메라, 컴퓨터, 시계, TV 등 기존의 개념과 기술들이 조합되고 연결되면서, 통화 기능만 있던 전화기에 새로운 생명을 불어넣었다. 더구나, 앱스토어라는 플랫폼을 구축함으로써 스마트폰이 더 다양한 쓰임새를 가질 수 있는 혁신적인 구조를 만들어냈다.

생각마법 2번, 다용도로 만들기는 생각마법 1번 합치기와 유사한 마법이다. 합치기가 A와 B를 합쳐서 새로운 쓰임새를 만들어 내는 것이라면, 다용도로 만들기는 한 가지가 두 가지 역할을 할 수 있도록 하는 것이다.

합치기에서 의료 관광이 의료도 하고 관광도 함께 할 수 있도록 더한 것이라면, 관광 택시는 기존 택시 기사가 운전뿐 아니라 관광 가이드까지 다용도 역할을 수행할 수 있도록 하는 방식이다.
구분이 어렵다고? 특별히 구분하지 않아도 된다.

의료 + 관광 = 의료관광 [합치기 마법]
택시 기사 = 운전 & 관광 가이드 [다용도로 만들기 마법]

처음 나온 전기밥솥은 보온 기능만 있었지만, 요즘에는 보온뿐 아니라 취사를 함께 한다. 흰밥만 짓는 게 아니라, 다양한 작동 버튼을 통해 오곡밥이나 콩밥 등을 가장 맛있게 지을 수 있도록 시간과 온도를 조절해 주며, 누룽지를 끓이거나, 삼계탕을 끓이거나, 감자나 옥수수를 찌는 등의 다양한 기능들을 동시에 수행한다.
하나의 물건이 다양한 기능을 할 수 있도록 하는 것. 다용도로 만들기이다.

다용도로 만들기를 가장 재미있게 설명해 주는 예이다.
하나를 여러 용도로 사용하는 것. 그림은 평상시에는 탁자로 사용하고, 도둑이 들어오면 방망이와 방패로 사용하는 탁자이다. 놀라운 것은 이 제품이 실제로 생산되어 판매되는 제품이라는 점이다.

Bumbbell

'Bumbbell'이라는 이름을 가진 스포츠음료이다. 음료를 마
시기 전에 아령처럼 운동할 수 있다. 특이한 점은 음료의
사이즈를 용량이 아닌 무게로 판매하고 있다는 점이다
음료와 아령의 다용도 기능을 제공한다.

디자이너 Tobias Franzel이 만든 핑퐁도어
(출처 : www.tobiasfraenzel.com)

다용도로 만들기의 여러 사례들.

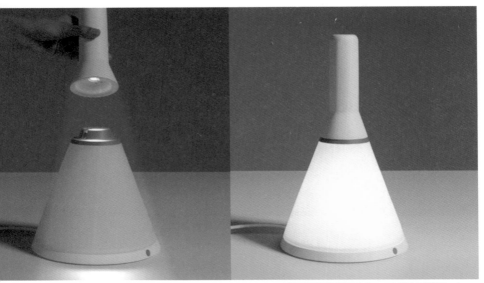

스위스의 디자인스튜디오 Lifegoods에서 고안한 Two Lamp.
(출처 : www.lifegoods.ch)

손전등으로도 쓸 수 있고, 집안 조명등으로도 쓸 수 있는 다용도 전등이다. 위
부분의 전구가 있는 부분을 떼어내면 손전등이 되고 아래 전등 갓에 붙이면 조
명등이 된다. 전기는 아래 조명등으로부터 충전.

일석이조, 일석삼조라는 말을 자주 쓴다. 하나가 여러 가치를 가지도록 하는 것
은 멋진 생각의 방식이다.

Roni Margolin의 HiLo Tablet, 태블릿 파우치이면서 키보드이다.

생각마법 3. 빼내기

- ⚡ 필요한 부분만 뽑아내기
- ⚡ 불필요한 부분을 빼내어 버리기

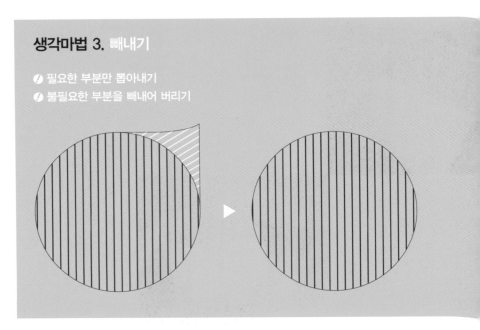

'줄넘기에서 꼭 줄이 필요할까?'
'줄이 없더라도 운동 효과는 동일하지 않을까?'
'오히려 줄에 걸려서 운동이 중단되거나, 줄에 걸려 넘어지는 부작용이 더 크지는 않을까?'

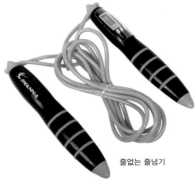

줄없는 줄넘기

줄 없는 줄넘기는 그렇게 탄생했고 히트 상품이 되었다. 그 후로는 줄넘기 손잡이 부분에 작은 LCD 화면을 부착해 운동 시간과 횟수, 소모 칼로리 등을 기록하기도 하고, 운동 후 소모 열량을 계산해 주는 등의 기능이 추가되었다.

본질에서 벗어나는 것, 위험한 것, 불필요한 것을 과감히 빼내면 새로운 혁신 상품이 탄생한다.

유선 마우스에서 거추장스러운 선을 빼내면서 무선 마우스가 개발되었고, 건전지를 지속적으로 교체해 주어야 하는 무선 마우스의 불편함을 해결하기 위해, 건전지를 빼낸 충전식 무선 마우스가 개발되었다. 씨 없는 수박, 뼈를 제거한 순살 치킨, 브랜드와 광고를 빼내면서 가격을 낮춘 노브랜드 상품도 빼내기 마법이 적용된 사례이다.

생얼 케이크라는 별명으로 유명해진 케이크가 있다. 이 케이크에는 당연히 있어야 할 데코레이션이 전혀 없다. 이 케이크는 크림의 맛을 강조하기 위해 우유 함량을 높이고, 모든 데코레이션을 제거했다. 이 케이크는 출시 2주 만에 모든 케이크를 제치고 판매 순위 1위에 올렸고, 10년간 부동의 1위였던 치즈케이크를 밀어냈다고 한다.

알코올이 없어도 술이라고 할 수 있을까? 2009년 일본 기린 사가 출시한 무알코올 맥주는 선풍적 인기를 끌며 1개월 만에 품귀현상을 보였다. 이후에도 무알코올 맥주는 꾸준히 잘 팔리고 있다. 알코올 섭취에 대한 부담 없이 시원한 맥주 맛을 즐기고 싶은 임산부나 체질적으로 술을 못 마시는 사람들이 회식 자리에서 무알코올 맥주를 찾는다고 한다.

이보다 더 큰 시장이 있다. 종교적인 이유로 술을 금기시하는 중동지역에서 무알코올 맥주가 유행하고 있다.

의자의 등받이를 빼낸 의자도 있다.

당연히 필요하다고 생각했던 의자의 등받이. 하지만 공부를 하는 학생들에게는 오히려 바른 자세로 공부를 하는데 방해가 된다. 등받이를 빼내고, 대신 팔받이를 만든 의자가 히트 상품이 되었다. 등받이가 없어, 등을 기대고 잠이 들지도 않고, 앞으로 엎드려 자려고 하면 팔받이가 걸리적 거리게 되어, 공부를 하는 수험생들에게 인기가 많은 의자가 되었다.

파티에 참석하려던 사라 블레이클리는 흰 바지를 사서 입었는데 팬티선이 드러난 자신의 뒷모습이 볼품없다고 생각했다. 이를 보정하려고 스타킹을 신었더니, 이번에는 바지에 맞추어 산 앞이 트인 구두와 어울리지 않게 되었다. 그녀의 선택은 스타킹의 발목 아래를 잘라내 버리는 것이었다. 젊은 시절 7년간 팩스기 외판원으로 일하던 그녀의 삶을 바꾼 건 '발목을 잘라낸 스타킹'이었다.
세계 1위 보정속옷 브랜드 '스팽스'는 빼내기 마법에 의해 탄생했다..

스티브잡스는 자신이 설립한 '애플'사에서 쫓겨 났다가 애플이 망해갈 무렵 다시 복귀했다. 스티브잡스는 수십 개의 애플 제품을 전문가용, 일반인용, 최고사양, 적정 사양으로 분류해 단 4가지 상품으로 압축했다. 선택과 집중의 의사결정은 애플에 활기를 불어넣었다.
애플이 만든 제품들의 공통된 특징 중 하나는 심플함이다. 다른 회사들이 잡다한 기능을 이것저것 추가 시킬 때 스티브잡스는 불필요한 기능들을 하나하나 제거해 나갔다. 심플함이 주는 편리함과 세련미에 수많은 사람들이 빠져들었다.

생각상자 –

깨지지 않는
유리를 개발하라.

인류가 달에 착륙하는 첫 기록을 미국에 넘겨주고 말 았던 소련은 무인 우주선을 달에 착륙시켜, 달의 모습 을 TV로 전송하고자 했다. 어두운 달 표면을 비추기 위해, 우주선 외부에 전구를 부착해야 했는데, 문제에 부딪혔다.

시뮬레이션 결과 전구의 유리가 달 착륙의 충격을 견 디지 못하고, 깨져버린 것이다. 더 튼튼한 유리를 사용 해도 마찬가지였다. 어떻게 하면 충격을 견딜 더 강한 전구를 만들 수 있을까? 오랫동안 이 숙제를 해결하 지 못하고 있었다.

새로 부임한 프로젝트의 책임자인 바바킨 박사는 과 학자들에게 매우 엉뚱한 질문을 던졌다.

"전구에는 왜 유리가 필요하죠?"

그 프로젝트의 담당자는 "유리는 필라멘트가 공기 중 산소와 만나서 타버리는 것을 막기 위해 내부를 진공 으로 만들어주는 역할을 합니다."라고 설명했다.

질문에 대답을 하면서, 그 담당자는 비로소 문제를 해 결할 수 있었다.

그 전구가 쓰이는 곳은 달의 표면이고, 달의 표면은 공 기가 없는 진공 상태인데, 또 진공을 만들기 위해 유 리로 감쌀 필요가 없었던 것이다.

필요한 것과 필요하지 않은 것(빼내도 되는 것)을 구분 하는 것도 쉬운 일이 아니다.

생각마법 4. 나누기

⊘ 하나의 물체를 작게 쪼개기
⊘ 하나의 물체를 각각 독립되도록 나누기

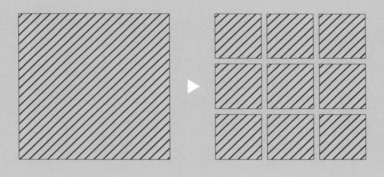

많은 사람들이 중국집에 가면 짜장면도 먹고 싶고 짬뽕도 먹고 싶어서 갈등을
한다. 그런 손님들을 위해 언제부터인가 하나의 그릇을 둘로 나누어 짜장면과
짬뽕을 같이 먹을 수 있게 한 짬짜면이라는 새로운 메뉴가 생겼다.

네 번째 생각마법은 '나누기'이다. 나누기는 하나의 물체를 작은 단위로 쪼개는
것을 말한다. 그릇을 두 개로 나누어 짜장면과 짬뽕을 같이 담는 방식이다.

잘 알려진 의자 중에 "듀오백" 의자가 있다. 듀오백이 나오기 전까지 모든 의자
는 등받이가 한 짝이었다. 등받이를 두 짝으로 나누자 척추를 기준으로 좌우로
나눠 있는 우리 몸의 구조와 잘 맞았다. 듀오백 전에는 의자의 등받이는 당연
히 한 개! 누구도 의심하지 않았다.

커튼은 열었다 닫았다 하면서 햇빛을 조절한다. 하지만, 커튼은 열고 닫는 두 가지 선택만 존재하며, 햇볕의 양을 부분적으로 조절하는 것은 어렵다.

버티컬은 커튼을 쪼개어 놓은 형태이다. 버티컬은 커튼을 쪼갬으로써 빛의 양을 조절하기 쉽도록 만든 나누기 마법이 적용된 사례이다.

이렇게 하나의 물건을 쪼개서 나누면, 여러 새로운 장점들이 나타날 수 있다.

등받이는 하나라는 고정관념을 깬 듀오백 의자

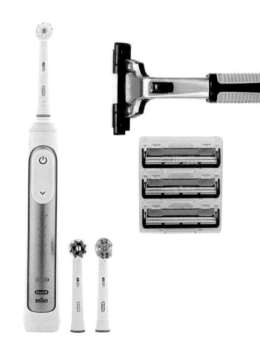

샤프와 샤프심처럼, 나누기 마법을 잘 적용하면 필요한 것만 계속 쓰고, 다 쓴 것은 교환해 쓰도록 할 수 있다. 면도날이나 칫솔모는 몸통에서 분리되면서, 수명이 다 한 것만 바꿔 끼워 사용할 수 있다.

크기를 쪼개어 사용성을 높이기도 한다.

조각 케이크, 조각 수박처럼 나누어 팔기 전략을 사용하거나, 믹스커피처럼 커피 한 잔에 딱 맞도록 양을 나누어 놓기도 한다.

생각상자 –

깎지 않아도 되는
연필,
샤프의 탄생

대만의 홍려는 가난한 대장장이 아버지를 도와 대장
간 일을 도우며 살고 있었는데, 어릴 때부터 발명을
좋아했다. 밤새 발명에 매달리던 홍려는, 100여 건에
달하는 발명품을 만들어 냈지만, 그 어느 발명품도 잘
팔리지 않았다. 또 매일 종이에 많은 발명품을 그리다
보니, 연필이 너무 빨리 닳아 버렸다. 연필을 깎는 일
이 너무 귀찮았던 홍려는 깎지 않아도 되는 연필을 발
명하기로 마음먹고 연구에 몰두했다. 연필에 대한 생
각으로 가득 차 있던 어느 날, 홍려는 양치질을 하려
고 치약을 짜다가 문득 아이디어가 떠올랐다.
치약 튜브와 치약처럼, 연필과 연필심을 분리하면 어
떨까?
홍려가 만든 '깎지 않아도 되는 연필'은 세계적인 수출
상품이 되었고, 홍려는 큰 돈을 벌게 되었다

책장이 나누어져 있지 않다면?

조리기구에서 손잡이를 떼어낼
수 있게 하면, 수납이 편리해지
고 조리기구가 많아도 손잡이는
하나만 있어도 된다.

어떻게 나누느냐에 따라 새로운
가치가 탄생한다.

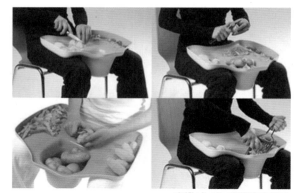

적절한 나누기는 편리함을 제공한다.

생각상자 –

돈을 나누어 내는 금융의 혁명, 할부 결제

싱거(Singer) 미싱은 1851년 미국의 '아이작 싱거'가 만든 세계 최초의 실용 재봉기이다.

처음 판매된 싱거 재봉기의 가격은 100달러. 놀라운 제품임에도 불구하고 가격이 너무 높았다. 아이작 싱거는 고가인 재봉틀을 일반 가정에 보급하고자, 새로운 판매 방식을 고민했다.

그리하여 탄생된 것이, 세계 금융 혁신의 시발점이 된 할부판매이다. 한꺼번에 지불할 돈을 나누어, 매월 일정액을 분납하는 외상 판매 방식은 이후로, 신용 결제 등 새로운 금융의 혁신으로 이어졌다.

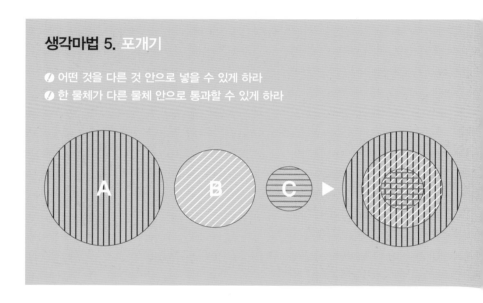

생각마법 5. 포개기

- ⓕ 어떤 것을 다른 것 안으로 넣을 수 있게 하라
- ⓕ 한 물체가 다른 물체 안으로 통과할 수 있게 하라

물의 깊은 곳까지 낚싯대가 닿도록 하기 위해 낚싯대는 길어야 한다. 하지만 휴
대하려면 낚싯대는 짧아야 한다. 그래서 낚싯대는 휴대 중에 포개어 접을 수
있도록 만들어졌다. 고층 아파트에서 이삿짐을 옮길 때 사용되는 사다리 차 역
시, 이동 중에는 사다리를 포개고, 고층의 이삿짐을 옮길 때는 사다리를 펼쳐
서 사용한다.

대형 마트에 있는 쇼핑 카트는 카트끼리 포개어 보관함으로써 좁은 공간에 많
은 카트를 보관할 수 있도록 제작되어 있다. 그 밖에도 띠가 말려들어가는 안전
벨트, 큰 그릇 안에 작은 그릇을 겹쳐서 보관하는 여행용 코펠 등 포개기 마법
이 적용된 아이디어는 매우 많다.

예부터 사용되던 부채에도 포개기 마법이 적용되어 있다. 부채의 포개기 방식은 자동차에서 내릴 때 비를 맞지 않게 도와주는 (2장에서 소개된) 자동차 부착용 우산 아이디어에도 유사하게 적용되어 있다.

ECLIPSE - Interlocking fruit bowls

포개면 온전한 그릇이 되고, 나누면
채소나 과일을 씻은 후 물을 빼기 좋
은 그릇이 된다.

포개기 마법은 사용과 보관(휴대/이동)을 위해 다양하게 적용된다.

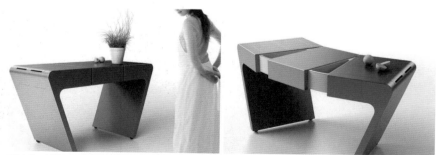

accordion folding cook table (출처: www.furniturefashion.com)

(출처: www.decocasa.com.ar)

포개기는 공간 절약 이외의 가치를 만들기도 한다.

비즈니스적으로는 샵인샵(shop-in-shop)과 같은
개념이 포개기 마법이다. 패션 전문점 안에 액세서리
샵이 입점한다거나, 패스트푸드 점안에 스티커 사진
자판기를 설치하는 것처럼. 점포 안에 점포가 포개
어 들어가는 방식이다.

생각마법 6. 복사하기

❷ 같은 것이나 비슷한 것을 더 만든다.
❷ 비싸거나 다루기 어려운 원본 대신 값싼 복사본을 활용한다.

손오공이 머리카락을 뽑아 후~하고 불면, 손오공을 복사한 듯한 손오공 분신들
이 만들어진다. 원본 손오공과 모습만 닮은 복사본 손오공을 만들어, 상대방이
잘못된 자신의 분신을 공격하도록 속인다. 원본 손오공을 안전하게 보호하는 방
법이다.

생각마법 6번, 복사하기는 같거나 비슷한 것을 복사하듯 더 만들어내는 생각의
방식이다.
비싸거나 다루기 어려운 원본 대신, 값싼 복사본을 만들어내어 위험한 것을 대
신하게 하거나, 비싼 것을 싸게 쓸 수 있게 한다.
피카소의 그림이 그려진 그림엽서는 복사본이다. 진짜 피카소의 그림은 매우

비싸지만, 피카소의 그림을 똑같이 흉내 낸 그림엽서는 아주 싼 가격으로도 피카소 그림을 감상할 수 있게 한다.

영화에서 위험한 장면을 촬영할 때는 실제 배우가 아니라 전문적인 스턴트맨이 실제 배우의 분장을 하고 촬영을 한다. 생화는 잘 시들고 물을 주면서 관리해야 하기 때문에, 생화를 대신하는 조화가 사용되기도 한다. 스턴트맨이나, 조화처럼 위험하거나, 다루기 어려운 것들을 대신하기 위해서도, 복사의 원리가 적용된다.

자동차 회사에서 새로운 자동차 모델을 개발하면, 자동차 사고에서 어느 정도의 안정성을 가지는지 테스트를 한다. 이때 사람이 직접 자동차에 타는 것이 아니라, 마네킹을 탑승시켜 테스트를 하는데, 사람이 직접 테스트할 때의 위험성을 값싼 복사본 마네킹이 대신하는 것이다.

원본과 유사한 몇 개의 복사본이 가치를 창출하기도 한다. 모델하우스는 완공될 아파트의 복사본이며, 프랜차이즈 지점은 본점의 복사본이다.

가상현실(VR : virtual reality)은 현실을 복사한 새로운 세계를 만들어내면서, 현실에서 하기 어려운 것들을 마음대로 할 수 있게 하면서 각광받고 있다.

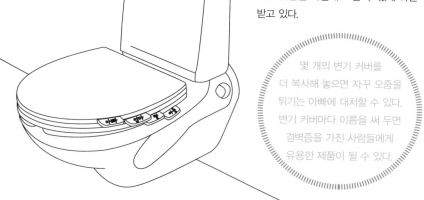

몇 개의 변기 커버를 더 복사해 놓으면 자꾸 오줌을 튀기는 아빠에 대처할 수 있다. 변기 커버마다 이름을 써 두면 결벽증을 가진 사람들에게 유용한 제품이 될 수 있다.

생각마법 7. 비대칭으로 만들기

- ✔ 대칭의 정도를 줄여라
- ✔ 비대칭으로 만들어라

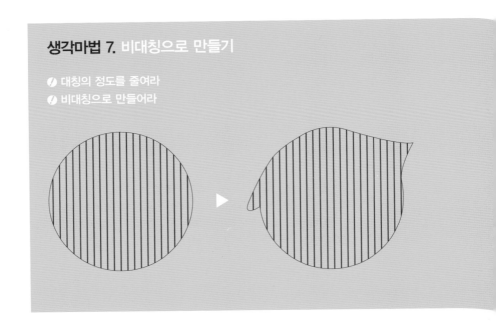

우리 주위를 둘러보면 대칭형으로 되어 있는 것이 많다. 젓가락 두 짝도 대칭, 왼손과 오른손의 장갑도 대칭, 어깨에 메는 가방도 좌우대칭이다. 물건뿐 아니라, 나비, 나뭇잎 등, 자연에서도 대칭을 이루는 것을 쉽게 찾아볼 수 있다. 사람들은 대칭을 이루는 모양에서 안정감을 느낀다.

대칭이 극대화된 형태는 원형이다. 음료수 뚜껑도 원형, 밥그릇도 원형, 축구공도 원형이다. 우리 주변의 아주 많은 물건들은 대칭형 구조를 가지고 있고, 사람들이 물건을 설계할 때에도 습관적으로 대칭형 구조로 생각을 한다. 그러나, 대칭이 반드시 편리할까? 대칭이 반드시 좋은 것일까?

피사의 사탑이 비대칭으로 기울어지지 않았다면, 지금처럼 유명한 건축물이 될 수 있었을까? 벼루나 삼겹살을 굽는 고기 불판도 기울어진 비대칭일 때 유용하다.

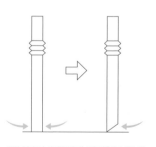

끝부분이 뾰족하게 비대칭인 빨대는 요쿠르트 마개에 빨대를 꼽을 때, 더 쉽게 꼽을 수 있고 바닥의 음료도 더 쉽게 흡입할 수 있다.

액체류를 담고 있는 용기의 바닥이 비대칭이라면 용기에
담긴 액체를 남기지 않고 사용할 수 있을 것이다.

자동차의 유리는 모두 대칭형이지만, 닛산
자동차의 큐브의 후면 유리는 비대칭으로
되어 있다. 운전자가 뒤를 더 잘 볼 수 있도
록, 운전자 방향의 시야를 더 넓게 만들어
준 실용적이고 개성 있는 디자인이다.

아이와 엄마를 위한 비대칭 흔들의자, 아이와 성인을
위한 비대칭 소파는 어떨까?

Gao Fenglin와 Zhou Buyi가 디자인 한 베벨컵(Bevel Cup)

컵의 손잡이를 비대칭으로 만들거나,
유리컵의 윗부분을 비대칭으로 만들
면 어떤 점이 유리할까?
물이 쉽게 빠지면서도 물기가 잘 건
조되며, 공기가 정체되지 않아 위생
적이다.

Huang Shi-Hao가 디자인한 틸트 컵 (Tilt Cup)

생각마법 8. 곡선이나 원으로 만들기

- 🖊 직선을 곡선이나 원으로 만든다
- 🖊 직선운동을 회전운동으로 만든다

초기의 자동차들은 상자 각 형태의 직선 모양의 자동차였다. 이 직선형 자동차들은 공기의 저항을 많이 받아서, 빠른 속도를 내기 힘들고, 그만큼 더 많은 연료를 소모해야 했다. 요즘의 자동차들은 대부분 공기저항을 최소화할 수 있도록 유선형의 부드러운 곡선 형태로 만들어진다.

여덟 번째 생각마법은 곡선이나 원으로 만들기이다. 직선이나 각진 것들을 곡선이나 원형으로 만드는 것이다.

벤자민 플랭클린이 처음 만든 흔들의자에도 곡선으로 만들기의 마법이 들어 있다.

장거리 육상경기나 쇼트트랙과 같은 경기
는 원형 트랙에서 이루어진다. 만약 원형
이 아니라면 엄청나게 크고 긴 경기장이
필요할 것이다.

'곡선으로 만들기'는 반드시 직선 모양을
곡선 모양으로 바꾸는 것만을 의미하지는
않고 직선운동을 회전운동으로 바꾸는 것
도 포함된다.

회전운동의 대표 선수는 나사이다. 직선
으로 두드려 박는 일반 못보다 돌려 박는 나사는 더 튼튼하게 고정되는 인류
역사상 최고의 발명품 중 하나이다.

직선운동을 회전운동으로 바꾼 회전문은 한 방향으로만 회전하기 때문에, 들
어오고 나가는 사람들이 부딪치지 않고, 문이 항상 닫혀있는 구조가 유지되어
냉난방비가 20% 줄어드는 효과를 가져온다.

서로 마주 보면서 누울 수 있는
곡선형 비치 의자

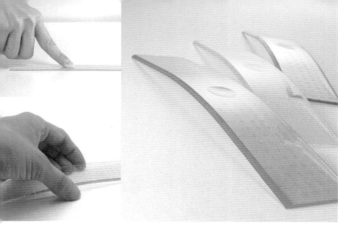

바닥에 놓여 있을 때, 잡기 쉽도록 살짝 곡선으로 구부러진 자. 자를 사용할 때에는 손으로 살짝 눌러주면 평평해져서, 사용에는 아무 문제가 없다.

Tomoya Yoshida가 디자인한 ArchRuler

곡선으로 만들면 더 오래 쓰는 볼펜을 만들 수 있다. 이러한 재미있는 콘셉트의 볼펜 디자인이 T&T Pen-ink Chamber라는 이름으로 IF 디자인 어워드에 출품되기도 하였다.

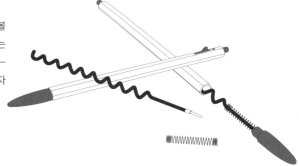

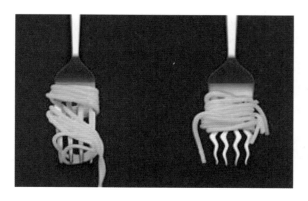

단지 곡선으로 만드는 것만으로도 새로운 가치가 생겨난다

생각마법 9. 일부를 다르게 하기

- ✦ 모든 부분이 같을 필요는 없다
- ✦ 전체 중에 일부는 다르게 만들어라

옛날에는 아이들 바지의 무릎 부분에 헝겊을 덧대어 입곤 했다. 아이들이 잘 넘어져서 항상 무릎 부분이 잘 헤어지기 때문에, 가난한 시절에 옷을 오랫동안 입기 위해, 무릎에 헝겊을 덧대어 꿰맸다. 요즘에는 아기들의 무릎이 다치는 것을 막기 위해, 무릎 보호용으로 무릎 부위를 푹신하게 만들기도 한다. 옷의 모든 부분이 동일한 품질을 가질 필요는 없으며, 잘 헤어지는 부위는 튼튼함을 중심으로, 어떤 부분은 멋을 중심으로 다른 재질의 옷감을 쓸 수 있다.

에어슈즈는 충격이 많이 가해지는 발뒤꿈치 부분에 공기를 넣어 충격을 흡수할 수 있도록 부분적으로 다르게 만든다.

이렇게 전체 중 일부를 다르게 만드는 것, '일부를 다르게 하기' 생각마법이다.

추위를 타는 사람들을 위한 지하철의 약냉방칸, 노약자 배려석, 장애인 전용 주차구역, 버스 전용 차선 등도 일부를 다르게 하기가 적용된 사례이다.

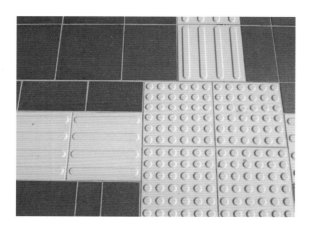

시각장애인 유도 블럭은 시각장애인들이 발에 느껴지는 감촉이나, 지팡이를 가져다 대었을 때의 느낌으로 길의 방향을 알 수 있도록 올록볼록하게 일부 보도 블럭을 다르게 만든 것이다.

중국 출신의 준지에 장(Junjie Zhang)의 아이디어로 디자인된 자물쇠 장치

깜깜한 밤중에, 열쇠 구멍에 열쇠를 꼽기 힘들 때가 있다. 열쇠구멍에 열쇠를 넣기 쉽게 하기 위해서, 윗부분만 다른 모양으로 홈을 만들어 보면 어떨까? 시각장애인들에게도 유용하다.

와인잔의 일부를 다르게 만든다면 좀
더 편하게 사용할 수 있지 않을까?

옷의 일부만 이렇게 단단하게 만든다면?

생각마법 10. 색깔 바꾸기

- ✔ 물체의 색깔을 바꾸기
- ✔ 투명도를 바꾸기

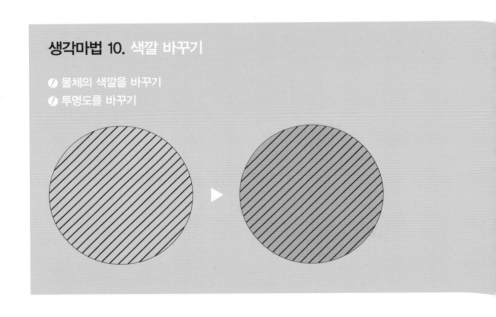

색깔을 바꾸는 것 정도가 무슨 대단한 마법인가라고 생각하겠지만, 색깔을 바꿔 상품의 가치가 올라가거나 히트 상품이 된 된 사례는 매우 많다.

칫솔 교환시기를 색상으로 알려주는 인디케이터 칫솔, 이 칫솔의 가운데에는 특수 염색 처리가 되어있다. 칫솔을 오래 사용하면, 염색이 하얗게 사라지고, 그 색 변화를 통해 칫솔의 교환시기를 눈으로 쉽게 확인할 수 있다.

색깔을 이용하여, 특별한 암시를 하기도 한다. 소방차는 빨간색이고, 유치원 복장이나 유치원 어린이 차량은 눈에 잘 띄는 노란색이다. 색깔만으로도 쉽게 구별할 수 있어서, 소방차에게 빨리 길을 양보해주거나, 어린이들의 안전을 위해 더 배려해 줄 수 있다.

색깔이 특별한 기능을 하기도 한다. 야광 시계는 시계 바늘에 형광색 처리를 하여 밤에도 시계바늘이 잘 보인다. 샤워꼭지에서 나오는 불빛의 색깔만으로도 물의 온도를 짐작할 수 있도록 물 온도에 따라 색깔이 변하는 샤워기도 있다.

투명도를 바꾸는 사례도 있다. 자동차 내부를 밖에서 잘 볼 수 없도록 하고, 햇빛으로부터 차 내부를 가리는 선팅 유리나, 자외선을 차단하는 안경인 선글라스는, 투명도를 조절하는 사례이다.

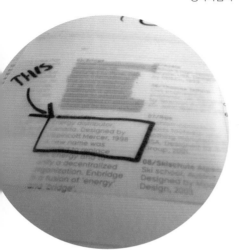

포스트잇이 투명해진다면? 투명한 색의 포스트잇이 새로운 쓰임새를 만들어내고 있다.

펀치로 구멍을 뚫을 때, 잘못된 위치에 구멍을 뚫어서 난감했던 적이 없는가? 펀치가 투명하다면, 구멍의 위치를 눈으로 보면서 바르게 뚫을 수 있다. 우리나라 윤기상, 이규복 디자이너에 의해 컨셉화 되었다.

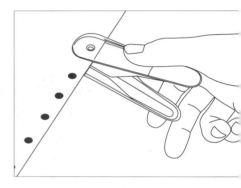

냉장고 문을 여는 이유의 50%는 단순히 냉장고 내부에 무엇이 있는지를 확인하기 위한 것이라고 한다. 냉장고 문을 투명하게 색을 바꾸면 어떨까?

LG 노크온 냉장고는 냉장고 문을 투명하게 만들었다. 냉장고 안을 보고 싶을 때, 문을 똑똑 두드리면 냉장고 내부 조명이 켜진다.

네덜란드의 이색적인 투명 쓰레기 봉투

네덜란드의 쓰레기 봉투이다. 이 쓰레기 봉투는 왜 투명할까?

이 봉투는 네덜란드의 디자인 회사 '웰메이커스(Waarmakers)'가 만든 '훗사크(Goedzak)'라는 봉투이다. 일반 쓰레기봉투가 아닌 '멀쩡하지만 버려야 할 물건'을 담는 전용 봉투이다. 이렇게 물건을 넣어놓고 길가에 버려두면, 지나가는 이웃이 발견하고 필요하면 가져다 쓰는 것이다. 일정 시간이 지나도 가져가지 않으면 자연스럽게 다른 쓰레기봉투와 함께 수거된다.

이 아이디어의 가장 큰 장점은 매우 간단하다는 것이다. 물건을 따로 쌓아둘 필요도 없고, 재활용 업체에 연락할 필요도 없다. 그저 정리를 끝낼 때마다, 집 밖에 버리기만 하면 된다.

이 아이디어는, 단지 색깔만 투명하게 바꾸었을 뿐이다.

생각마법 11. 방향 바꾸기

- ⚡ 위 아래, 앞 뒤, 가로 세로로 방향 바꾸기
- ⚡ 방향을 다르게 하거나, 기울이기
- ⚡ 반대로 하기

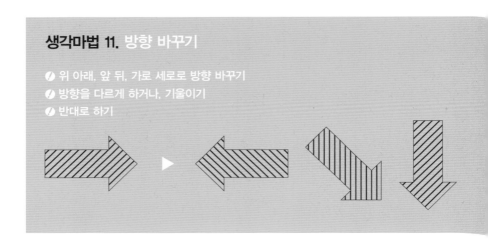

1968년 멕시코 올림픽 높이뛰기 경기.

그전까지 세계 신기록은 1미터 98센티였다. 모든 사람들은 2m가 인간의 한계이고 더 높이 뛰어오를 수는 없다고 했다.

그런데, 갑자기 나타난 어떤 선수가, 2미터 24센티에 도전을 한 것이다. 경기장에 모인 8만 관중은 그 선수가 높이뛰기를 할 때마다 입을 딱 벌리고, 아무 말도 하지 못했다.

바로 미국의 딕 포스베리라는 선수였다. 그는 그때까지 어디서도 볼 수 없었던, 완전히 새로운 높이뛰기 방식을 선보였다. 포스베리는 몸을 비틀어 등을 지면 방향으로 향하는 방식으로 높이뛰기를 했다. 포스베리 이전에 모든 선수들은 정면으로 달려가 지면을 바라보며 뛰어넘는 방식을 당연하다고 여겼고, 모두 그런 방식으로 뛰었다.

포스베리가 자신만의 방식으로 높이뛰기를 연습할 때, 코치들조차 잘못된 방식이라며, 포스베리의 새로운 방식을 고치려고 했지만, 포스베리는 자신의 방식을 고집했고, 코치들 모두 포스베리의 방식이 아주 비참하게 실패할 것이라고 말했다.

포스베리는 멕시코 올림픽에서, 인간의 한계라는 2미터를 크게 뛰어넘는 2미터 24센티의 기록으로 전세계를 깜짝 놀라게 만들었다. 그 후로, 다른 선수들도 포스베리의 방식을 따라 하기 시작했고, '포스베리 플롭'이라는 이름으로 높이뛰기의 새로운 방식이 되었다.

딕 포스베리

전 세계 선수들이 포스베리 플롭으로 높이뛰기를 한 결과, 지금 높이뛰기 세계 신기록은 2미터 45센티이다. 포스베리는 높이뛰기에서 몸의 방향을 바꾸었을 뿐인데, 이것은 놀라운 혁신이었고, 세계 높이뛰기 역사상, 가장 큰 변화를 가져왔다.

11번째 생각마법은 포스베리 플롭과 같은, 방향 바꾸기이다.

높은 계단을 힘들게 올라갈 때, '나는 움직이지 않고, 계단이 움직일 수는 없을까?', 에스컬레이터를 처음 만든 사람은 아마도 이런 반대의 생각을 했을 것이다.

나는 열심히 뛰지만 항상 제자리에 있는 것. 러닝머신은 사람이 뛰는 방향과 반대 방향으로 바닥이 움직이는 것이다. 이 역시 "방향 바꾸기" 마법이 적용된 사례이다.

생각상자 –

러닝머신의
시초

19세기 영국에서 죄수들의 형벌 도구로 사용된 것이 시초였다.

초기 형태는 발판이 붙은 원통이었는데, 교도소의 죄수들에게 '단순 반복의 고통'을 주기 위한 고문 도구였다. 죄수들이 밟는 원통의 회전력을 이용해 물을 푸거나 곡식을 빻게 한 것이다.

영국에서는 10년간 50곳 이상의 교도소에서 이 형벌의 도구를 사용하다가 인권을 침해한다는 이유로 1898년 교도소법을 개정하면서부터 중단되었다

뚜껑과 바닥에 모두 열선이 있는 전기 그릴

일반적으로 전기 프라이팬을 뜨겁게 달구는 열선은 아래에 있다.
'열선이 뚜껑에도 있으면 안될까?'
프라이팬의 음식을 뒤집지 않아도 되고, 기름이 튀지도 않으며, 위 아래에서 함께 익히니, 요리 속도도 빨라진다.

화장품이나 샴푸 같은 튜브형 보관 용기에 담긴 제품의 경우, 마지막까지 사용하기 위해 튜브를 짜내거나 잡고 흔드는 등, 끝까지 사용하기가 어려웠다. 이러한 문제점을 해결하기 위해, 요즘에 나오는 화장품이나 샴푸 등은 용기를 거꾸로 세워 보관하도록 만들어진다.

덤프트럭에서 흙이나 모래를 내릴 때는 트럭의 뒷부분이 세로로 기울어진다. 일반적으로 가로 방향으로 물건을 내리는 트럭들과 달리 트럭에서 짐을 싣는 공간을 세로로 들어올려 중력의 힘으로 흙이 쏟아지도록 한다. 가로와 세로의 방향을 바꾸어 힘들이지 않고 짐을 내릴 수 있도록 한 것이다.

덤프트럭은 세로로 짐받이를 들어 올려 흙을 내려준다.

방향을 바꾸면
더 쉬워진다.

미국 뉴욕에서 활동하는 전기 엔지니어이자 디자이너인 '스콧 앰론 (Scott Amron)의 '린저 칫솔'.
이 칫솔은 양치 후 컵이 없이도 간편하게 입안을 헹굴 수 있도록 수도꼭지에서 흘러내리는 물의 방향을 바꾸어준다.

삼성전자는 더세로(The Sero)라는 이름의 세로형 TV를 출시했다. 콘텐츠의 소비가 TV에서 스마트폰으로 옮겨진 세대를 겨냥한 방향 바꾸기 혁신 제품이다. 스마트폰에서 가로 화면보다 세로 화면으로 제작된 동영상 광고를 끝까지 보는 비율이 9배나 높다는 통계도 있다. 세로형 콘텐츠에게 익숙한 사람들도 TV는 당연히 가로형이라는 것을 의심하지 않았다.
더세로는 모바일에 최적화된 세로형 스크린을 탑재한 TV로 간편한 미러링 기능을 지원해 SNS, 음악, 게임 등 모바일에서 즐기던 콘텐츠를 큰 TV 화면에서 즐길 수 있다. 그렇다고 세로로만 보는 TV는 아니다. 리모컨 버튼을 누르거나 음성으로 명령을 하면 화면이 가로로 회전된다.

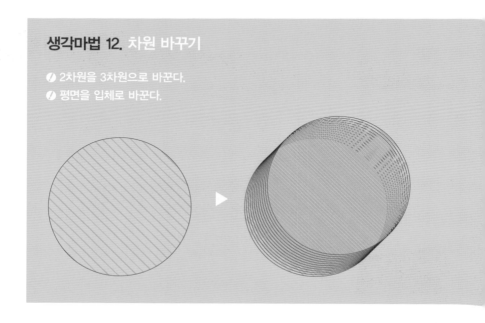

생각마법 12. 차원 바꾸기

- 2차원을 3차원으로 바꾼다.
- 평면을 입체로 바꾼다.

차원 바꾸기는 2차원을 3차원으로, 1층을 다층으로, 평면을 입체로 바꾸는 생각마법이다.

1층 집을 위로 쌓아 올려 아파트를 지으면, 같은 공간에 더 많은 집을 지을 수 있고, 2층 침대는 공간 활용을 높여주며, 주차장을 위로 쌓아 올려 주차 타워를 만들면 더 많은 차를 주차시킬 수 있다.

시카고의 마리나시티 빌딩에 위치하고 있는 주차타워. 밤에 보는 주차 타워 의 아름다운 모습 때문에, 관광명소가 될 정도로 유명해졌다고 한다.

생각마법서

팝업북은 2차원의 책을 3차원의 공간으로 바꾸어준다.

입체영화를 3D 영화 또는 3차원 영화라고 부른다. 영화는 스
크린에 보이는 평면이지만, 특수하게 제작된 영화는 3D 안경
을 쓰고 보면, 입체적으로 영화를 즐길 수 있다.
우리가 필요한 것들을 집에서 직접 프린터로 출력해서 만들
어 쓰는 3D 프린터의 시대도 우리 눈앞에 와 있다.

버스의 앞문이 열리면 번호판이 차체와 수직으로 펼쳐져 정류장과 같이 버스가 밀집한 장소에서 차량별 노선 번호를 멀리서도 쉽게 볼 수 있어 많은 시민들의 호응을 얻었다.

평면적 사고를 입체적으로 바꾸면 유용함이 생겨난다.

버스의 돌출형 번호판

유치원 등의 어린이 통학 차량의 경우, 차 문이 열리면 자동으로 안전판이 돌출되도록 설계되어 있다. 뒤에서 다가오는 오토바이로 인한 사고를 줄이고. 후면 차량에게도 안내를 줄 수 있어 매우 뛰어난 차원 바꾸기 사례이다.

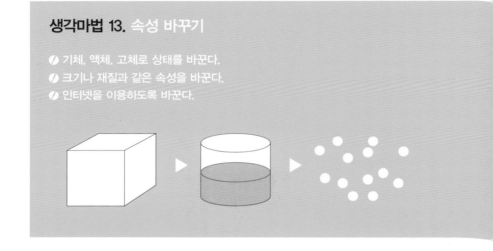

생각마법 13. 속성 바꾸기

- 🎯 기체, 액체, 고체로 상태를 바꾼다.
- 🎯 크기나 재질과 같은 속성을 바꾼다.
- 🎯 인터넷을 이용하도록 바꾼다.

속성 바꾸기는 온도, 크기, 밀도, 유연성 같은 여러 속성들을 바꾸는 것을 말한다. 특히 모든 물질은 온도를 바꾸면, 기체, 액체, 고체로 사물의 상태가 변화하는데, 이 상태 변화를 이용할 수 있다. 상태가 변화할 때 물질의 부피가 달라지거나, 열을 흡수하거나 발산하는 등의 여러 성질을 이용하기도 한다.

잠수부들이 메고 들어가는 산소통에는 액화 산소가 들어 있다. 기체 산소는 부피가 너무 크기 때문에, 기체 상태로 산소통에 담으면 아주 작은 양만 담을 수 있고 기체의 부력 때문에 잠수를 할 수도 없다. 산소를 액화시켜 부피를 줄이는 속성 바꾸기 사례이다.

반대로 열기구는 공기를 가열하여, 공기의 부피를 증가시킨다. 가열된 공기는 부피가 더 커지고, 밀도가 낮아져 공중에 뜨게 된다. 열기구 역시 기체의 온도에 따른 속성 변화를 이용한 사례이다.

부탄가스, 액체 모기향, 라이터, 스프레이 같은 것들도 평상시에는 작은 부피인 액체로 보관하다 기화시켜 사용한다.

고체를 액체 상태로 만들기도 한다. 공공 화장실의 세면대에서는 고체 비누보다 액체 비누가 많은 사람들이 사용하기에 위생상 더 위생적이다.

팝콘이나 뻥튀기는 옥수수나 쌀, 콩 등의 곡물로 만드는데, 곡물을 높은 열과 압력을 가해 터트리는 것이다. 솜사탕이나 달고나 역시 설탕에 열을 가해 속성을 바꾼다.

곶감은 가을철 수확한 감을 오랜 시간 보관하는 것이 불가능하던 시절에 보관 기간을 늘리기 위해 건조를 통해 감에서 물기를 제거하여 만든 것이다. 속성 바꾸기의 사례이다. 육포, 북어 등 많은 식품들이 건조를 통해 보관 기간을 늘린다.

세계 최대 규모의 화장품 편집샵 브랜드인 세포라(Sephora)의 설립자, 이자벨 마송은 향수의 속성을 뿌리 째 바꾸었다. 이자벨 마송은 사베 마송(Sabe Masson)이라는 새로운 향수를 선보였는데, 뿌리지 않고 피부에 바르는 방식의 세계 최초의 스틱 향수였다. 뿌리는 방식의 기존 향수에 있는 알코올이나 파라벤의 첨가 없이 물, 오일, 향료로만 개발된 혁신적인 향수이다. 프랑스에서 2015년 연간 코스메틱 부문 매출 1위를 기록할 정도로 인기를 끌었다.

최초의 스틱향수 사베 마송

가루 양념을 얇게 종이처럼 펴서 말
린 종이 양념.
필요한 만큼 찢어 사용할 수 있다. 가
루 양념을 흘릴 일도 없고, 양 조절도
용이하다.

오프라인을 온라인으로 바꾸는 것,
아날로그를 디지털로 바꾸는 것 역
시, 속성 바꾸기에 포함된다. 종이로
된 책을 컴퓨터나 스마트폰 등을 통
해 볼 수 있도록 이북으로 만들기도
하고, 매표소에 가지 않고도 인터넷
으로 여러 종류의 티켓을 예매할 수
있다. 인터넷 쇼핑은 일상이며 오프라
인이 온라인으로 바뀌면서 세계가 바
뀌고 있다.

디자이너 Nick Bampton에 의해 고안된 종이양념

생각마법 14. 자유롭게 움직이게 하기

🕢 움직이지 않는 부분을 움직이게 하기
🕢 더 자유롭게 움직이게 하기

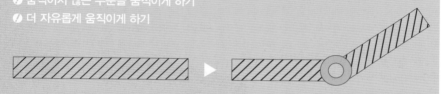

비행기는 땅에서 이륙하거나 착륙할 때, 활주로 위를 구르기 위해 바퀴가 필요
하지만, 하늘을 날 때는 바퀴가 공기 저항을 유발하여 속도를 20% 가량 저하
시키고, 연료 소모가 많아진다.

예전 비행기 바퀴는 비행기에 고정되어 있었고, 이 바퀴의 공기저항을 해결하
기 위해, 사람들은 무려 25년 동안이나, 공기저항을 덜 받는 비행기 바퀴의 덮
개를 디자인하는 것에 매달렸다.

움직이지 않던 비행기 바퀴를 접었다 폈
다 할 수 있도록 만든 이 발명품은 뉴욕
타임즈가 선정한 1927년 최고의 발명품
으로 선정되었다.

열세 번째 생각마법은 '자유롭게 움직이
게 하기'이다.
움직이지 않던 부분을 움직이게 하거나,
지금보다 더 자유롭게 움직이게 하는 것
이다.

옛날 의자와 다르게, 요즘 의자들은 높낮
이를 조절하거나, 등받이를 뒤로 젖힐 수
있고, 바퀴가 달려 자유롭게 움직인다. 키
에 따라 높낮이를 조절하고 휴식을 취할
때 등을 젖히는 등 자유롭게 움직이기 마
법이 적용된 편리한 의자이다.

열리는 다리, 가동교. 커다란 배가 지나갈 때에는 다리가 열린다.

(출처 : 2010 국방화보 Rep. of Korea, Defense Photo Magazine)

이제 휴대폰이나 노트북의 액정
도 자유롭게 움직이게 되는 시대
가 왔다. 단단하게 고정되어 있
던 스크린을 자유롭게 휘어지게
하는 플렉서블 디스플레이 기술
이 탄생한 것이다.

구부러지는 총이
개발되었다. 총구만 구부러지게
한 다음, 액정에 나타난 모습을
보고, 숨어서 총을 쏠 수 있어
유용한 총이다.

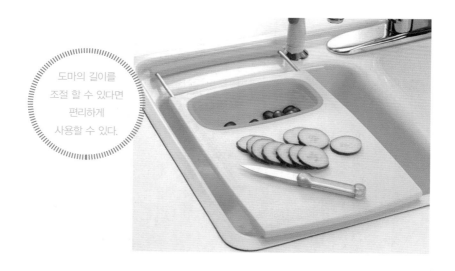

도마의 길이를 조절 할 수 있다면 편리하게 사용할 수 있다.

디자이너 Arnaud Lapierre에 의해 고안된 문고리

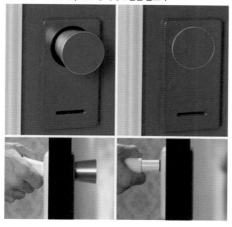

고정된 문고리에 비해, 위 그림처럼 당길 때 자유롭게 움직이는 문고리는 어떤 점이 편리 할까?

방 안에서 사람이 문을 잠근 것을 밖에서 바로 알 수 있고, 열쇠로 문을 잠그지 않아도 밖에 있는 사람이, 잡아당길 문고리가 없어서 문을 열기 어려울 것이다.

이렇게 구부러지는
자전거가 있다면?

Kevin Scott의 구부릴 수 있는 자전거

(출처 : www.sadabike.it)

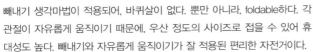

빼내기 생각마법이 적용되어, 바퀴살이 없다. 뿐만 아니라, foldable하다. 각
관절이 자유롭게 움직이기 때문에, 우산 정도의 사이즈로 접을 수 있어 휴
대성도 높다. 빼내기와 자유롭게 움직이기가 잘 적용된 편리한 자전거이다.

Scott Shim 등에 의해 고안되어, 국제 자전거 디자인 경진대회에서 대상을 수상한 이 자전거에는 자유롭게 움직이기 마법이 특별하게 적용되어 있다.

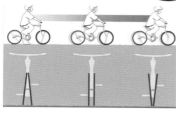

1. 왼쪽 그림처럼 주행하지 않을 때에는 바퀴의 아랫부분이 양 옆으로 펼쳐있어 중심을 잡아 절대 쓰러지지 않는다.
2. 자전거를 저속으로 운행할 때면 뒷바퀴가 후면에서 보았을 때 11자 모양으로 변하여 초보자도 안정적으로 탈 수 있다.
3. 고속주행이 시작되면 3바퀴는 단점이 많다. 속도도 늦어지고 커브도 힘들어진다.
이 자전거는 고속주행 시, 바퀴 축의 각도가 조정되어 지면에 닿는 부분이 바퀴가 하나인 것처럼 V자 형태로 변하게 된다.

대만 디자이너 Su Pin Chia는 자유롭게 움직이는 새로운 형태의 욕조를 디자인했다. 이런 욕조의 장점은 무엇일까?

생각마법 15. 스스로 움직이게 하기

⚡ 물체가 스스로 움직이게 한다.
⚡ 내 힘을 쓰는 대신 외부의 힘을 이용한다.

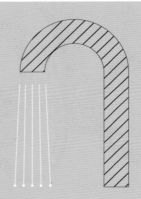

스스로 움직이게 하기는 물체가 외부의 도움 없이 스스로 동작하거나, 버려지는 재료나 에너지를 이용하여 스스로 작동하도록 하는 것을 뜻한다.

태양열 가로등은 낮 시간 동안 햇빛으로부터 에너지를 모아, 밤에 가로등의 불빛을 비춘다. 외부의 전원 없이 스스로 동작하는 사례이다.

태양열 가로등은 스스로 움직인다.

태양광만을 이용해 움직이는 솔라임펄스 비행기는 2015년 3월 아부다비를 출발해 세계일주를 하는데 성공했다.
유사한 예로, 자전거 전조등이 있다. 자전거 바퀴가 돌아가는 운동을 전기에너지로 바꾸어, 축전지에 저장한 후, 밤이 되면 자전거 전조등의 불빛을 밝힌다.

솔라임펄스

태양열을 이용해 이렇게 스마트폰을 충전할 수도 있다. Solar window charger라는 이름으로 실제 판매되고 있는 제품이다.

(출처 : www.workingda.com)

프랑스의 BERGIGNAT, Julien에 의해 고안된 화분이다. 창가에 두면, 태양빛에서 에너지를 얻어, 아주 천천히 스스로 돌아간다. 한 바퀴를 다 돌면, 물을 줄 때가 되었음을 알리는 램프가 켜지고, 작은 소리가 난다. 화분이 돌아가기 때문에, 식물이 전체적으로 햇빛을 골고루 받을 수 있고 물을 주는 것을 잊지 않게 된다. 태양에너지로 움직이기 때문에, 별도의 전기도 필요 없다.

적외선 센서가 달려있는 세면대 수도꼭지는 손을 가져다 대면 자동으로 작동하고, 남자 화장실의 소변기도 적외선 센서에 의해 작동한다. 현관이나 계단의 센서등이나 자동문도 적외선 센서에 의해 자동으로 작동한다.

셀프서비스 식당, 셀프 세차, 셀프 주유소 등도 고객이 스스로 움직이게 하게 함으로서 고객은 지불 비용을 낮

추고, 업체는 인건비를 절감하는 효과를 거둔다.

세계적인 가구 기업 이케아는 고객이 가구를 스스로 배송하고, 스스로 조립하게 함으로써, 물류 비용 및 저장 공간 등을 혁신적으로 감소시켰고, 그만큼 싼 가격에 제품을 공급할 수 있게 했다.

여행지에 가면 피곤한 상태에서 커다란 캐리어를 끌고 다니는 것이 보통 일이 아니다.

중국의 스타트업 기업 포워드X는 스스로 움직이는 여행 가방 오비스를 만들었다. 오비스는 캐리어 내에 인공지능 및 카메라가 설치되어 있어, 별도의 조작 없이 주인을 따라다닌다.

가방 주인의 발걸음 속도에 맞춰 바로 옆에서 움직일 뿐 아니라, 장애물 회피 기능도 가지고 있다. 주인과의 거리가 멀어지면 스마트폰으로 알람을 보내주기도 한다.

스마트 여행가방 오비스 (출처 : ovis.forwardx.com)

마트에 가서, 가장 지루한 일은 계산대 앞에서 기다리는 일이다. 쇼핑 카트에 바코드 스캐너를 부착한다면 어떨까?

카트에 물건을 담을 때, 바코드 스캐너에 찍고 담으면, 고객 입장에서는 물건을 담을 때마다, 구매금액의 합계를 알 수 있고 계산대에서 지루하게 기다릴 필요도 없다. 마트 입장에서도 계산대의 인건비를 크게 절감할 수 있을 것이다.

계산원의 일을 고객이 스스로 하게 함으로써, 고객과 회사가 win-win 할 수 있지 않을까?

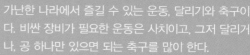

두 명의 여학생이
빈곤국의 빛이 되다

가난한 나라에서 즐길 수 있는 운동, 달리기와 축구이다. 비싼 장비가 필요한 운동은 사치이고, 그저 달리거나, 공 하나만 있으면 되는 축구를 많이 한다.
2008년 하버드대에 다니던 제시카 매튜스와 줄리아 실버맨이라는 두 명의 여학생이 수업 중 과제로 개발했던 어떤 상품이, 빈곤국의 빛이 되었다.

그녀들이 개발한 제품은 전기를 만드는 축구공 '소킷'(SOCCKET)이다. 이 축구공은 축구를 할 때 발생하는 에너지를 전기 에너지로 바꾸어 준다. 이 공 안에는 발전기가 내장돼 있어 운동에너지를 전기에너지로 바꾸어 저장한다. 공 표면에 플러그가 있어서 필요할 때 전등을 꽂아 쓸 수 있다.
2011년 이들은 사회적 기업 '언차티드 플레이'(Uncharted Play)를 창업했다. 이 축구공으로 1시간을 놀면, 전등을 3시간 켤 수 있는 전기 에너지를 만들어 내며, 휴대폰이나 선풍기 등 집안 전기용품의 전원으로도 쓸 수 있다. 이들은 매튜스 부모의 나라인 나이지리아에 3만 5천 개의 소킷볼을 공급했다.

매튜스는 소킷볼에 이어 전기를 만들어내는 줄넘기 '펄스'(PULSE)도 개발했다. 자전거 발전기처럼 회전 에너지를 전기 에너지로 바꿔준다. 양쪽 손잡이에 모터와 리튬 전지가 있어, 줄 넘기를 할 때 모터가 돌아가며 전기를 만들어 전지에 저장해 놓는다. 이 줄로 줄넘기를 15분 하면 전등을 2시간 켤 수 있다.

이들의 노력과 아이디어는 캄캄한 모국의 빛이 되었다.

(출처 : www.u-pwr.co)

생각마법 16. 높이 맞추기

⚡ 물체를 들어 올리거나 내릴 필요가 없도록 작업 조건을 바꾼다.
⚡ 물체를 들어 올리거나 내릴 필요가 없도록 높이를 맞추어 둔다.
⚡ 내 눈높이에 맞춘다.

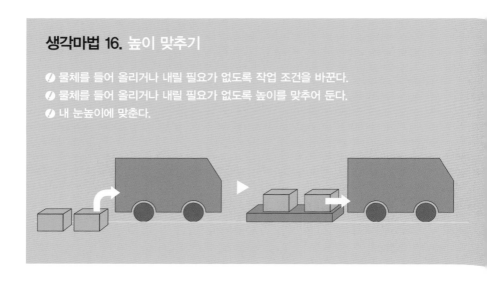

매일매일 계속해서 트럭에 짐을 실어야 하는 작업장의 경우, 사람이 매번 짐을 들어서 트럭에 올리는 것이 효율적일까?
작업장의 구조를 그림과 같이 바꾼다면 짐을 들어서 올리지 않아도 손쉽게 트럭에 짐을 실을 수 있다. 이처럼 물체를 들어 올리는 대신, 주변 환경이나 작업 조건을 바꾸는 것이 높이 맞추기 마법이다.

미용실 의자는 손쉽게 높낮이를 조절할 수 있어 미용사와 손님의 머리 높이를 맞추어 편하게 머리를 자를 수 있게 해주고, 저상버스는 휠체어를 탄 채로 쉽게 탑승할 수 있도록 버스의 높이를 낮추어 교통약자들에게 큰 도움이 된다.

아프리카에서는 먹을 물을 길어 오기 위해, 몇 시간을 걸어 머리에 물동이를 이고 다시 몇 시간을 걸어 오는 일이 허다하다. 이 일은 주로 여성이나 어린이들이 하고 있다.

이들에게 먹을 물을 길어오는 것은 너무나도 힘들고 고통스러운 일이었다. 히포워터롤러라는 혁신적인 발명품이 이들을 위해 개발되었다.

물통을 굴려서 옮길 수 있도록 만들어, 여성이나 어린이도 힘들이지 않고, 다섯 배나 더 많은 물을 길어올 수 있게 되었다. 들어 올리지 않아도 되는 높이 맞추기 마법이 적용된 발명품이다.

아이의 키에 맞게 사용할 수 있는 샤워기도 높이 맞추기이다.

GINSEY INDUSTRIES 4210 My Own Child Shower Head by My own shower

생각마법 17. 공중부양

⚡ 물체를 공중으로 띄운다.
⚡ 물체의 무게를 줄이기 위해서, 기체나 액체, 자석 등의 힘을 이용한다.

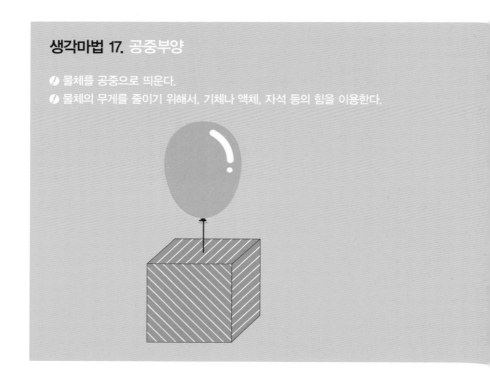

공중부양은 중력에 반하여, 공중이나 수면 위로 물체를 띄우는 생각마법이다.
공중부양을 하기 위해 지구의 중력 방향과 반대로 작용하는 여러 다른 힘들을
이용하기도 한다. 예를 들어 자석이나 기체의 힘, 물 위에 물체를 띄우는 부력
과 같은 것들이다.

애드벌룬은 공기보다 가벼운 헬륨가스를 이용하여, 멀리서도 볼 수 있도록 광고
판을 공중부양 시킨다. 연은 공기가 움직이는 힘, 기류를 이용하여 공중부양된다.

국자가 국에 빠지지
않도록 물속에서
공중부양 시키기도 한다.

자기부상열차는 자석의 같은 극끼리 밀어내는 힘을
이용하여, 열차를 공중부양 시킨다. 지면과의 마찰이
거의 없기 때문에 매우 빠른 속도로 달릴 수 있다.

자력을 이용하여 공중부양하는 다른 예들도 있다.
공중부양 스피커이다. 스피커를 바닥이나 특정 물체
에서 분리시킴으로써, 불필요한 진동을 막고, 소리가
어떤 장애물도 없이 허공에 퍼질 수 있도록 한 것이
다. 더 깨끗하고 맑은 소리를 들을 수 있다고 한다.

(출처 : www.lge.co.kr)

자력으로 공중부양하는
이 마우스는 손목에
무리를 덜 준다고 한다.

체코의 '키바르딘디자인(Kibardindesign)'이 개발한 공중부양 마우스 '배트(BAT)'
(출처 : www.kibardindesign.com)

D.K. Wei 디자이너가 만든 "구름"이라는 이름의 자기 부상을 이용한 공중부양 소파.

공중부양 스케이트보드, 호버보드 (출처 : www.hendohover.com)

영화 '백투더퓨처'를 보면 주인공 마티 맥플라이가 하늘을 나는 호버 보드를 타는데, 이러한 공중 부양 스케이트보드가 실제로 개발되었다. 타임지가 선정한 2014년 최고의 발명품이다.

이렇게 식탁 위에 공중부양하는 수저와 젓가락은 어떻게 만들어졌을까?

많은 사람들이 식당에 가면 식당의 식탁이 청결하지 못할 것을 걱정해서, 숟가락과 젓가락을 그릇 위에 올리거나 냅킨을 깔고 그 위에 올리는데, 그림과 같은 공중부양 숟가락과 젓가락이 있다면 매우 위생적일 것이다.

이 아이디어는 매우 간단한 공중부양을 통해 만들어졌고, 시클린 웰빙수저라는 이름으로 상품화되었다.

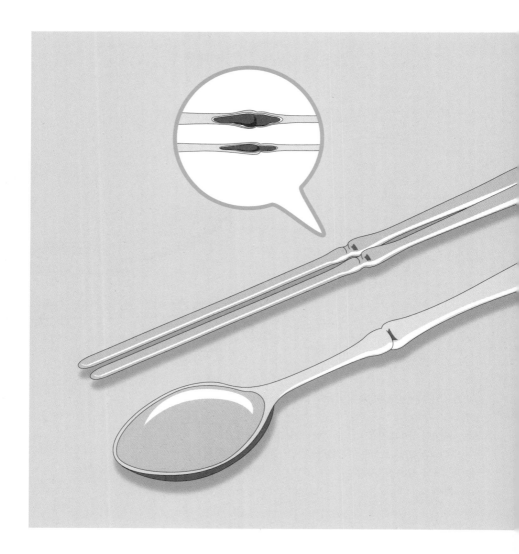

(출처 : www.tentsile.com)

(출처 : www.tentsile.com)

이런 공중부양 텐트는, 텐트가 바닥에 있으므로 해서 생기는 불편함(모래, 벌레, 습기, 차가운 바닥 등)에서 자유롭다.

생각마법 18. 미리 준비하기

- **⚡** 필요한 변화를 미리 가해 둔다.
- **⚡** 미리 비상수단을 준비하여 만일의 사태에 대비한다.

 ▶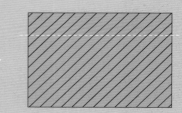

우표, 커터칼, 두루마리 화장지에는 자름선이 미리 준비되어 있다. 이 자름선
덕분에 다른 도구 없이도 무뎌진 칼날이나 화장지를 쉽게 잘라 낼 수 있다.
예상되는 어려움을 위해 미리 필요한 조치를 취해 두는 것은 훌륭한 생각마법
이다.

생각상자 –

커터칼의
탄생

일본에 살던 오노라는 젊은이는 회사에서 종이를 자르는 단순 작업을 맡은 말단 사원이었다. 칼로 종이를 계속 자르다 보니 칼이 계속 무뎌지는 것이었다. 주문은 계속 들어오고 잘라야 할 종이는 산더미인데, 번번이 칼이 말을 안 들어 고생을 했다. 오노는 무뎌진 칼날을 강제로 부러뜨리면 어떨까 하는 생각을 했지만 쉽게 칼날을 부러뜨리는 방법을 찾지 못했다.

오노는 우연히 우표에서 힌트를 얻게 되었다.

'아, 칼날도 우표처럼 쉽게 잘라질 수 있도록 미리 자름선을 준비해 두어야겠다!'

오노의 이 발명에 대해 오노의 회사는 큰 상을 주었고, 그 칼날은 지금의 커터칼이 되었다.

모두 알고 있겠지만, 커터칼의 머리 부분에는 커터칼의 칼날을 쉽게 잘라내기 위한 홈 역시 미리 준비되어 있다.

미리 준비하기는 18번째 생각마법이다. 필요한 조치를 미리 취해 놓아 사용이 편리하게 돕는다.
우표나 스티커에는 미리 풀칠이 되어 있어 풀이 없어도 바로 붙일 수 있고, 햇반이나 즉석식품은 데우기만 해서 바로 먹을 수 있도록 미리 조리되어 있다.

위험에 대비하기 위해, 미리 준비하기도 한다.
철도 레일의 경우, 더운 여름에 레일의 쇠가 늘어나서 휘어지지 않도록, 미리 1센티 정도 씩의 간격을 두고 떨어트려 놓는다.
이 이음 공간은 철도 레일의 열팽창으로 인한 사고를 방지하기 위해 미리 준비해 둔 것이다.
기차를 타면 주기적으로 덜커덩거리는 흔들림과 소음이 발생하는 데, 이 이음 공간을 기차가 지날 때마다 나타나는 흔들림이다.

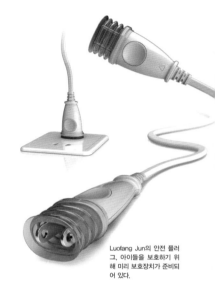

Luofang Jun의 안전 플러
그, 아이들을 보호하기 위
해 미리 보호장치가 준비되
어 있다.

자동차의 에어백이나 안전벨트, 배에 비치되어 있는 구명조끼나 구명정, 비행기에 준비된 낙하산도 사고를 대비해 미리 준비되어 있는 것들이다. 지하철 승강장의 스크린도어는 추락 사고를 막기 위해 미리 준비되어 있고, 도로의 안전턱은 과속을 막기 위해 미리 준비된 안전장치이다.
컴퓨터의 바이러스 백신이나, 예방주사에도 미리 준비하기의 마법이 들어있다.

미리 준비해두면
안전하다.

치약을 마지막까지 아껴 쓸 수 있도록, 아래와 같은
것들을 미리 준비해 두면 어떨까?

1. 자름선을 미리 준비해 두기

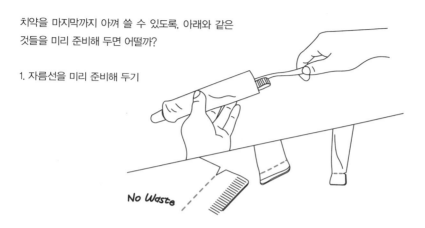

2. 치약을 손쉽게 짤 수 있도록 칫솔에 미리 준비해 두기

3. 치약을 쉽게 밀어 올릴 수 있는 장치를 미리
준비해 두기

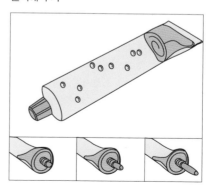

생각마법 19. 중간매개물

- ⚡ 어떠한 일을 도와주는 중간 매개체를 이용한다.
- ⚡ 쉽게 제거할 수 있는 것을 임시로 연결하여 이용한다

예전 마트의 쇼핑카트에는 동전을 넣는 곳이 없었고, 쇼핑카트끼리 자물쇠로 묶여 있지도 않았다. 마음대로 분리해서 사용하고, 다시 원위치에 가져다 놓으면 되었는데, 사람들이 다 사용한 쇼핑 카트를 제자리에 가져다 놓지 않고, 아무 데나 버려두고 가는 경우가 많아, 마트에서는 쇼핑 카트를 다시 정리하기 위한 비용이 많이 들었다.

마트에서는 이 문제를 해결하기 위해, 쇼핑 카트에 동전을 넣어야만 쇼핑 카트를 사용할 수 있고, 다 쓴 후에는 다시 다른 쇼핑 카트와 연결을 해야, 동전을 빼 낼 수 있도록 쇼핑 카트의 구조를 변경했다. 그러자, 사람들은 동전을 다시 회수하기 위해, 쇼핑 카트끼리 연결하기 시작했고, 쇼핑 카트가 아무 데나 방치되는 무질서가 사라지게 되었다.

여기서, 쇼핑 카트에 넣는 동전은 어떤 역할을 하고 있는 것일까?
사람들이 카트를 잘 정리하도록 돕는 중간 매개물의 역할을 하고 있는 것이다.

중간매개물이란 어떤 일이 잘 되도록 도와주는 중간의 사물이며, 중간 매개물은 다 사용되고 나면, 원래의 물건으로부터 쉽게 분리되거나 제거할 수 있어야 한다.
쇼핑 카트에 넣는 동전은 카트가 잘 정리되도록 돕는 중간매개물이다.

주둥이가 작은 물병에 물을 담을 때 사용하는 깔대기는 물을 쉽게 담을 수 있게 중간에서 도와주는 중간매개물이다.

깔대기와 비슷한 역할을 하는 다른 중간매개물들도 있다. 뼈가 다쳤을 때 몸이 움직이지 않게 고정시켜주는 깁스도 중간매개물이다. 다친 부위가 다 낫고 나면(역할을 다 하고 나면) 깁스를 떼어내게 된다. 부동산 거래를 할 때, 중간에서 도움을 주는 부동산 중개인이나, 결혼을 도와주는 결혼정보업체들도 중간매개물이라고 볼 수 있다.

대중교통을 탈 때, 돈을 내는 대신 돈이 충전되어 있는 교통카드를 사용한다. 이 교통카드는 동전을 준비하거나, 돈을 내고 거슬러 받는 등의 불편함을 없애준다. 교통카드는 승객과 버스회사 사이에서 돈을 주고받는 중간매개물로 사용된다.
먹기 불편한 가루약은 위에서 잘 녹는 캡슐에 넣는다. 약을 쉽게 먹을 수 있도록 도와주고, 먹은 후에는 녹아서 제거됨으로써 약효가 발휘될 수 있도록 하는 캡슐도 중간매개물이다.

생각상자 –

조선시대
최강무기
애기살과 통아

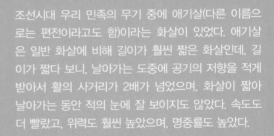

조선시대 우리 민족의 무기 중에 애기살(다른 이름으로는 편전이라고도 함)이라는 화살이 있었다. 애기살은 일반 화살에 비해 길이가 훨씬 짧은 화살인데, 길이가 짧다 보니, 날아가는 도중에 공기의 저항을 적게 받아서 활의 사거리가 2배가 넘었으며, 화살이 짧아 날아가는 동안 적의 눈에 잘 보이지도 않았다. 속도도 더 빨랐고, 위력도 훨씬 높았으며, 명중률도 높았다.

애기살이 짧다 보니, 활시위를 길게 당길 수 없어, 특별한 장치가 필요했다. 우리 선조들은 이 짧은 애기살을 활시위에 넣기 위해 통아라는 중간매개물을 사용했다. 짧은 애기살을 통아라는 중간매개물에 넣고, 활시위를 당기면, 애기살이 통아를 통과하여 발사된다. 일반 화살은 적군이 주워서 다시 사용할 수 있었지만, 이 애기살은 워낙 짧아 통아가 없이는 적군이 주워도 무용지물이었다. 이 애기살은 긴 사거리와 위력으로 인해, 적군을 떨게 만든 조선의 매우 강력한 무기였다.

생각마법 20. 재활용하기

⊘ 다 쓴 것을 다시 쓸 수 있도록 재생한다

인공위성을 발사할 때, 거대한 로켓을 하늘로 쏘아 올리는데, 쏘아 올리는 로켓 중, 아주 작은 일부분만 인공위성이며, 나머지 로켓은 연료를 다 사용한 후 버려진다. 그렇게 쏘아 올려진 인공위성이 수십 년 후, 그 수명이 다하게 되면 어떻게 될까?

인공위성은 발사를 위한 연료와 장비를 가지고 출발하지만, 다시 돌아올 수 있는 어떠한 장치도 가지고 있지 않기 때문에, 수명이 다한 인공위성은 그대로 지구 궤도에 버려지게 된다.

과학자들에 의하면 몇 천 개의 고장 난 위성들과 몇 만 개의 위성 파편들이 지금도 지구의 궤도를 공전하고 있다고 한다.

스페이스엑스의 팰컨9

2015년 12월, 테슬라의 최고경영자이자 괴짜 억만장자인 일론 머스크가 세운 민간 우주기업 스페이스 엑스(X)의 우주 발사체 팰컨9 로켓이 첫 발사에 성공했다.

팰컨9 로켓이 세계적으로 큰 주목을 받았던 이유는, 민간 우주 기업이라는 점도 있지만, 그동안 버려졌던 추친체 로켓을 다시 제자리로 돌려놓는 혁신적 시도를 했기 때문이다.

스페이스 엑스는 위성을 궤도 진입 시킨 후, 추진체 로켓을 그대로 회수하는데 인류 역사상 최초로 성공했다. 지속적으로 추진체 로켓을 재사용하면서, 발사 비용을 크게 낮출 수 있게 되었다.

20번째 생각마법은 다 쓴 것을 재활용하기이다.
재활용 분리수거, 다 쓴 물건을 재사용하는 벼
룩시장이나 아름다운 가게와 같은 것들이다.
교통카드는 다 사용한 후에도 버리지 않고 다시
충전하여 재사용하며, 더 이상 기차가 다니지
않아 폐쇄된 기찻길은 레일바이크 시설로 다시
태어나 지방 자치 단체의 관광 수입원이 되기도
한다.

USB로 다시 충전해서 사용하는 재사용 건전지도 있다.

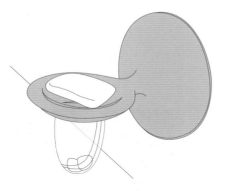

비누의 상당량은 물러져서 버려진다고 한다. 비누
의 녹아내린 찌꺼기를 재활용할 수 있지 않을까?

물러져서 흘러내린 비눗물
이 밑에 있는 스폰지에 흡
수되도록 만들면 어떨까?
비누에 적셔진 스폰지를
이용해서, 화장실 청소를
할 수 있지 않을까?

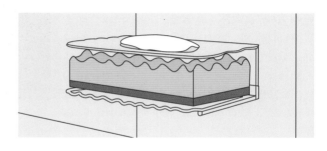

생각상자 –

스모그 프리 프로젝트

네덜란드 디자이너 단 로서가르드(Daan Roosegaarde)는 중국 북경을 방문했다가 앞이 보이지 않을 정도로 자욱한 스모그를 목격하고 세계에서 가장 큰 공기정화 시설인 '스모그 프리 타워(Smog Free Tower)'를 설치하겠다는 목표를 세웠다.

스모그 프리 타워는 공기 중의 먼지를 빨아들이고, 다시 무공해 공기를 방출한다.

스모그 프리 타워는 정전기를 발생시켜 스모그 분자를 끌어들인다. 구리 코일을 통해 만들어진 전극이 양이온을 발생시키고, 타워에 음극이 흐르면 미세먼지가 타워에 달라붙는 방식인데, 머리카락에 일어나는 정전기와 유사한 원리이다.

놀라운 것은 이렇게 모은 공해 물질을 압축하면, 검은색 탄소 덩어리를 얻을 수 있는데 이 탄소 덩어리를 압축해서 보석처럼 재탄생 시켰다는 점이다.

미세먼지를 정화하고, 남은 공해물질을 재활용해 보석으로 재탄생시키는 혁신적인 프로젝트이다.

중국 텐진에 설치된 스모그 프리 타워와 재활용으로 만들어진 스모그 프리 타워의 축탄소 주얼리 (출처 : www.studioroosegaarde.net)

CHAPTER 3

간단히 해보는
아이디어 빅뱅

이제 모든 생각마법을 알게 되었다. 지금부터는 이 책,
생각마법서가 마법을 부릴 차례다.
이 책을 읽는 독자들이 하는 일이나 처한 상황, 전문분야,
관심사가 모두 다르기 때문에 특정 분야에 치우친 예시를 들기는
어려울 것 같다.

우리 주변 가까이에서 만나는 간단한 사물들을 통해 마법을 펼쳐
보고자 한다.
주변에 보이는 아무것에나 생각마법을 적용해보는 연습을 하는
것이다. 자주, 그리고 많이 할수록 더 빨라지고 쉬워진다.
생각해낸 결과물이 실용적이지 않거나, 쓸모없어 보여도 낙담할
필요가 전혀 없다. 엉뚱해도 좋고, 현재의 기술로 만들기 어려워도
상관없다.

멋진 책장 만들기 프로젝트 – 어머머! 책장

당신이 가구 회사의 기획자가 되었다. 이번에 맡은 프로젝트는 책장이다.

"김대리, 뭐 새로운 책장 없어? 남들과 똑같이 해서는 남들을 이길 수 없다고! 누가 봐도 어머머! 감탄사가 절로 나오는 기발하고 멋진 책장 하나 만들어 와봐."

우리는 늘 '혁신적인, 새로운, 깜짝 놀랄만한, 번뜩이는'에 대한 스트레스 속에 살아간다. 어떻게 모든 사람이 어머머!를 외칠 수 있는 책장을 만들어낼 수 있을까?

생각마법들을 차례로 떠올리며 하나씩 적용해보자.

뒷장으로 넘어가기 전에 잠깐 시간을 내
서 해보기 바란다. 연습을 하다 보면 쉽
게 익숙해진다.
종이에 그려보는 것이 가장 효과적이다.

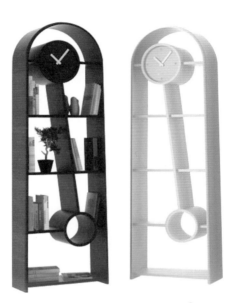

러시아 디자이너 Yaroslav
Rassadin의 시계 책장
(출처 : www.theblogdeco.com)

생각마법 1번, 합치기
시계와 책장이 결합되어 있다.

홍콩의 Anka에서 만든 시계책장

생각마법 7번, 비대칭으로 만들기
책이 가득 차 있지 않으면, 책이
자꾸 쓰러지는데 이렇게 비대칭으로
만든다면?

생각마법 5번, 포개기
책의 양에 따라 공간을 조절해서
사용할 수 있는 책장이다.

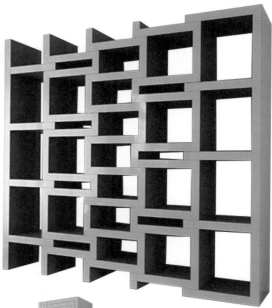

네덜란드의 로테르담에서 활동하는
디자이너 Reinier de Jong이 디자인
한 확장형 책장

(출처 : www.orlareynolds.com)

생각마법 5번, 포개기
필요할 때, 책장에서 책상과
의자를 꺼내 사용할 수 있다.

생각마법 2번, 다용도로 만들기 /
생각마법 8번, 곡선이나 원으로 만들기
책장이면서 의자이고 휴식공간이다.
책장의 이름은 Bookworm.

(출처 : atelier010.nl)

Nar Coffee table, Unal & Boler 스튜디오

생각마법 2번. 다용도로 만들기 /
생각마법 11번. 방향 바꾸기
테이블이면서 책장을 겸하고 있다.
그리고, 책을 꽂는 방향이 바뀌면서,
어디까지 책을 읽었는지도 알 수 있다.

Bookshelf by Alex Johnson

생각마법 15번, 높이 맞추기 /
생각마법 8번, 곡선이나 원으로 만들기
높은 곳의 책은 책장을 굴려 꺼낼 수 있고,
책을 읽는 동안 책장을 흔들의자처럼
이용할 수 있다. 실제 판매 중인 책장이다.

너무 편리하다. 깜놀! 콘센트

우리가 일반적으로 사용하는 콘센트는 편리한가? 어떤 불편한 점을 느낀 적이 있는가?
생각마법을 통해 모두가 깜놀! 할만한 멋진 콘센트를 디자인해 보자.

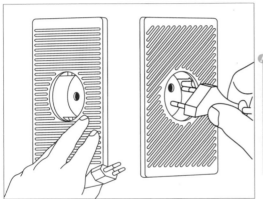

콘센트 모양을 몰라서 제대로 꼽기
힘들었다면, 콘센트 틀을 보면 된다.
콘센트 모양이 수평이면, 일자로 꼽을 수
있고 사선으로 되어 있으면, 그 방향을 따라
콘센트를 꼽으면 된다.
시각장애인들에게도 유용할 것이다.
생각마법 : 미리 준비하기

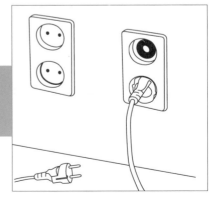

콘센트가 반드시 두 개의 구멍으로 이루어져야 한다는
생각을 버린다면, 어떤 방향에서도 꼽을 수 있는 원형
콘센트를 만들면 된다
생각마법 : 곡선이나 원으로 만들기

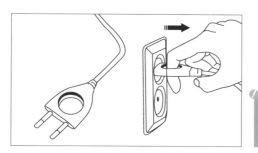

콘센트를 빼기 힘들었던 적이 없는가?
콘센트 가운데를 빼내면 어떨까?
생각마법 : 빼내기

이렇게 해결할 수도 있겠다.
콘센트를 꼽았다 뺐다 하는 방향을 바꾸어 위로
올리면 온, 아래로 내리면 오프가 된다. 플러그를
빼지 않고, 위 아래로 올렸다 내림으로서,
플러그를 꼽고 뺀 것과 같은 효과를 낸다.
생각마법 : 방향 바꾸기

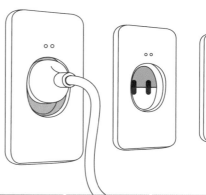

Use constantly

45 minutes

30 minutes

15 minutes

Turn off

step 1 / step 2 / step 3 / step 4 / step 5

사용자가 필요한 시간만큼 플러그를 오른쪽으로 돌려놓으면,
정한 시간이 지나면 자동으로 전원이 꺼진다.
생각마법 : 합치기(타이머+콘센트) 또는 스스로 움직이게 하기

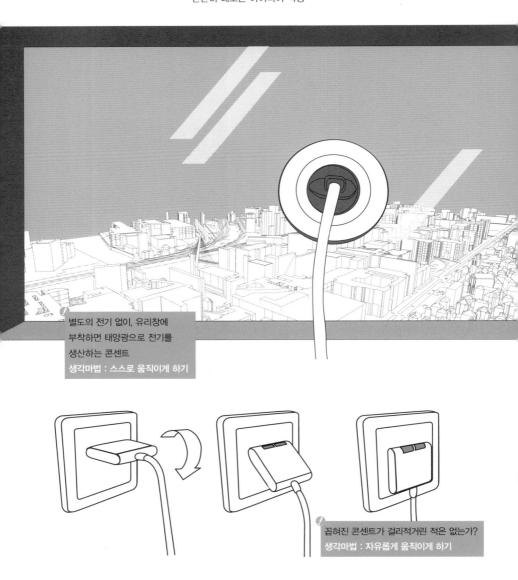

별도의 전기 없이, 유리창에
부착하면 태양광으로 전기를
생산하는 콘센트
생각마법 : 스스로 움직이게 하기

꼽혀진 콘센트가 걸리적거린 적은 없는가?
생각마법 : 자유롭게 움직이게 하기

전선이 짧아 청소기를 돌릴 때 힘들었던
적이 없는가? 전선을 콘센트 안에
포개어 놓는다면?
생각마법 : 포개기

디자이너 Paulo Oh

플러그 정리가 안된다. 빼놓은 플러그가 어디 있는지 찾기
힘들다. 플러그를 뽑아 놓으면 절전이 되기도 한다.
빼놓은 콘센트를 깔끔하게 거치할 수 있도록 미리 준비해 두면
좋겠다.
생각마법 : 미리 준비하기

디자이너 Meysam Movahedi의 Rambler Socket

(출처 : relogik.com)

콘센트가 부족할 때, 멀티탭 말고 다른 대안은 없을까?
콘센트를 안에 포개어 놓고, 눌러서 입체형 콘센트를 빼낸다.
생각마법 : 차원 바꾸기, 포개기

멀티탭, 그것이 문제다

콘센트를 살펴봤으니, 이번에는 멀티탭에도 생각마법을 부려보자.
우리가 사용하는 멀티탭. 그 모양과 그 방식이 정말 최선일까?
멀티탭에 불편한 점은 없는가?

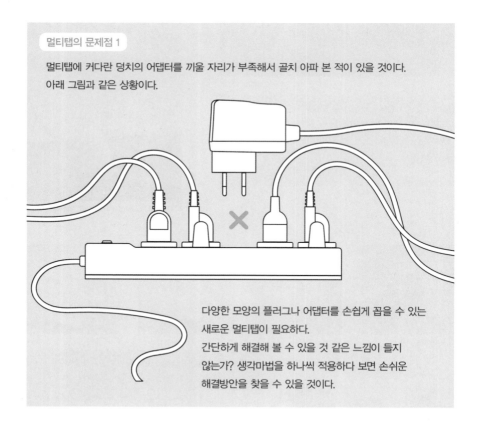

멀티탭의 문제점 1

멀티탭에 커다란 덩치의 어댑터를 끼울 자리가 부족해서 골치 아파 본 적이 있을 것이다.
아래 그림과 같은 상황이다.

다양한 모양의 플러그나 어댑터를 손쉽게 꽂을 수 있는
새로운 멀티탭이 필요하다.
간단하게 해결해 볼 수 있을 것 같은 느낌이 들지
않는가? 생각마법을 하나씩 적용하다 보면 손쉬운
해결방안을 찾을 수 있을 것이다.

문제를 해결해줄 수 있는 생각마법 : 비대칭으로
만들기, 곡선이나 원으로 만들기

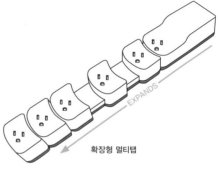

EXPANDS

확장형 멀티탭

문제를 해결해줄 수 있는 생각마법 : 자유롭게
움직이게 하기

아무 데나 꽂아 쓰는 Rozetkus 멀티탭
(출처 : www.artlebedev.com)

코드 자체에 푸른색 LED 기능을 두어 어두운 곳에서도 쉽게
사용할 수 있다.
문제를 해결해줄 수 있는 생각마법 : 자유롭게 움직이게 하기

자유롭게 구부러지는 멀티탭

미국의 제이크 젠은 고등학교 때부터 멀티탭이 구부러졌으면 좋겠다는 생각을
했다. 커다란 덩치의 플러그들 때문에 일반 멀티탭은 불편했던 것이다. 멀티탭
이 자유자재로 구부러진다면 큰 플러그도 옆 콘센트 구멍을 막지 않을 수 있
고, 공간 활용도 효율적일 것이라고 생각했다.

제이크 젠은 이 아이디어를 퀄키(www.quirky.com)라는 사이트에 올렸다. 퀄키
는 일반인들이 아이디어를 제시하면 제품으로 만들어 판매하고 수익을 공유하
는 서비스다. 퀄키는 젠의 아이디어로 피봇파워(Pivot Power)라는 제품을 만들
었고, 피봇파워는 약 70만 개가 팔렸다.
제이크 젠은 이 아이디어로 약 6억 원의 수익을 나누어 받았다.

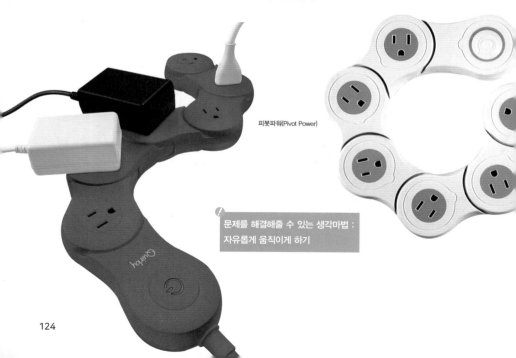

피봇파워(Pivot Power)

문제를 해결해줄 수 있는 생각마법 :
자유롭게 움직이게 하기

멀티탭의 문제점 2

꼽을 곳이 부족해서 멀티탭에 다시 멀티탭을 꼽게 되는 상황. 흔히 겪는 문제상황이다.
멀티탭의 구멍 개수는 왜 2구, 3구, 4구로 정해져 있어야 하는 것일까?

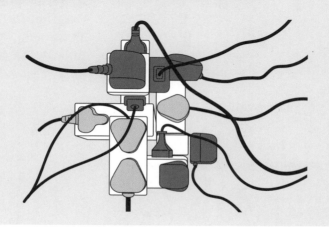

원하는 만큼 추가로 연결해 사용할 수 있는
모듈형 멀티탭이다.
문제를 해결해줄 수 있는 생각마법 : 나누기

Chih-Yao Chen에 의해 디자인된 모듈형 멀티탭

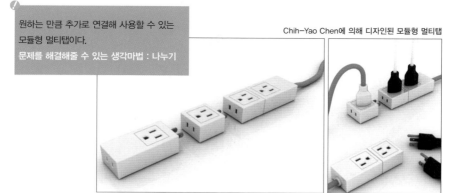

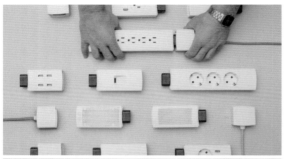

독일에서 개발한 YOUMO라는 이름의 이 멀티탭은 블록식으로 원하는 기능을 가진 모듈 블록을 끼워 넣을 수 있다. 모듈 블록 뒤에 무선 스피커나 전등과 같은 또 다른 기능을 가진 모듈 블록을 연결할 수 있다.
합치기와 자유롭게 움직이기 마법이 들어있는 스마트하고 멋진 멀티탭이다.

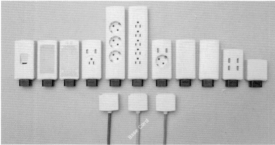

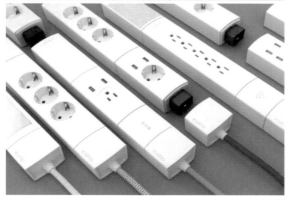

(출처 : https://www.kickstarter.com/
projects/1300499319/youmo-your-smart-modular-
power-strip)

126

멀티탭의 문제점 3

뭐니 뭐니 해도 김대리의 와이프를 가장
분노하게 만드는 것은, 멀티탭과 연결된
지저분한 선들이다. 그다지 깔끔하지
않은 사람들도 아래 멀티탭을 보고
있으면 혈압이 상승할 것이다.

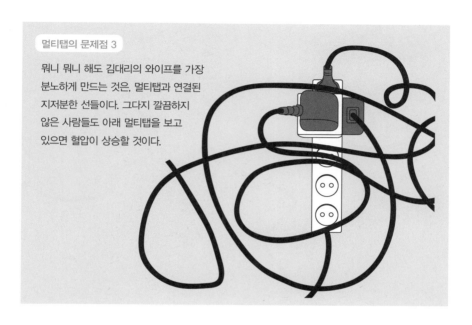

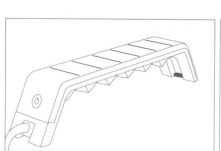

생각마법 : 방향 바꾸기
간단하게 방향만 바꾼 멀티탭은 어떨까?
지저분한 멀티탭의 몸체를 깔끔하게 가릴 수
있지 않을까?

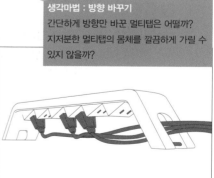

생각마법 : 포개기
플러그와 멀티탭을 뚜껑으로 포개면
깔끔해진다.

박스탭 (출처 : abluestore.com)

포개기 아이디어가 적용된 박스탭이라는 제품이다.
아이콘 스티커를 붙여 각 버튼을 누르면 전원 공급
이 온·오프 된다. 이 박스탭을 만든 에이블루라는 회
사는 기발하고 다양한 아이디어로 재미있는 혁신 제
품들을 만들어내고 있다.

지각대장 김대리를 무조건 깨워주는 알람시계

회사는 지옥, 출근길은 지옥길, 아침에 일어나는 것은 늘 고통인 김대리.
알람이 울려도 끄고 다시 자면 그뿐.
그런 김대리를 위해 도저히 일어나지 않고는 못 배기는 조금은 과격한 알람시계를 만들어보자.
엉뚱함을 컨셉으로 생각마법서를 활용한 아이디어 빅뱅!

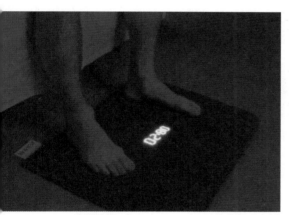

카페트와 합쳐진 알람시계. 일어나서 카페트 위에 올라가지 않으면 알람이 멈추지 않는다. 잠을 더 잘 깨고 싶다면, 어려운 장소로 카페트를 옮겨 놓을 수 있다.

디자이너 Sofie Collin and Gustav Lanber의 카페트 알람시계.

덤벨 알람시계

알람시계와 아령이 합치기 마법으로 더해졌다. 아령 30개를 해야 알람이 꺼진다.

도망가는 알람시계, 클로키(Clocky)

생각마법 : 자유롭게 움직이게 하기
일어날 시간이 되면 바퀴가 굴러
이리저리 도망 다닌다.

일어날 시간이 되면, 프로펠러가 튕겨져 나와 공중
을 날기 시작한다.
날아다니는 프로펠러를 잡아서 알람시계에 맞춰야
만 알람이 꺼진다. 공중부양 마법이다.

그래도 일어나지 않는다면, 최후의 수단.
정해진 시간에 일어나서, 알람을 꺼주지 않으
면, 넣어둔 돈을 갈아버리는 알람시계
어떤 마법일까? 알람시계의 지폐가 중간매개
물의 역할을 하고 있다.

Meng Fandi가 디자인한 진동 반지 알람시계

생각마법 : 속성 바꾸기 / 나누기

김대리의 아내는 늘 김대리의 알람시계 때문
에 아침잠을 설친다.
"너나 출근하라고!"
일찍 일어나야 하는 김대리와 늦잠을 자고
싶은 김대리의 아내를 위한 알람시계이다.
김대리와 아내가 각자 일어나야 하는 시간을
설정하고, 손가락에 끼우면 반지의 진동을
통해 아내를 깨우지 않고 김대리 혼자 일어
나서 씩씩하게 출근할 수 있다.
알람시계를 개인용으로 나누었고 (생각마법
나누기), 소리를 진동으로 속성을 바꾸었다.

생각마법 : 속성 바꾸기

소리가 아닌 빛으로 깨우는 알람시계이다. 밝은 빛
은 소리 못지않은 불편함을 유발한다고 한다.
바로 속성바꾸기 마법.

CHAPTER 4

생각마법
사용설명서

손정의처럼
해보기

소프트뱅크의 손정의 회장은 약 300장의 카드에 서로 다른
단어를 써놓고 임의로 2~3장의 카드를 뽑아, 해당 단어들을
연결해 새로운 아이디어를 탄생시키는 연습을 했다.
그는 매일 이런 방법으로 하나씩 아이디어를 써 나갔다.
그러던 중 손정의는 '음성 신시사이저', '사전', '액정화면'이라는
3장의 단어를 연결하여 '음성 전자 번역기'라는 아이디어를
탄생시켰고, 이 아이디어를 샤프사에 1억 엔에 팔아
소프트뱅크사를 설립할 수 있는 종잣돈을 마련하게 되었다.

2장에서 소개된 생각마법들을
손정의처럼 임의의 사물이나 상황에 적용해보는 것이다.
연습을 할수록 빨라지고 쉬워진다.

화장실

화장실

변기

변기

토스터

토스터

시계

시계

세면대

세면대

저울

저울

저울

위의 단어들을 손정의처럼 아무렇게나 묶어보자. 어떤 아이디어들이 떠오르는가?
다음 페이지로 넘어가기 전에, 10분만 생각해보라.

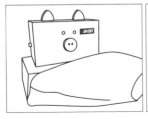 

토스터 ➕ 시계

빵이 익으면, 알람이 울려 고소한 냄새의 아침을 선물한다.

세면대 ➕ 화장실변기

물 부족 국가의 완소 아이템이 될 수 있겠다.

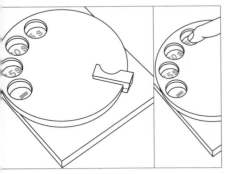 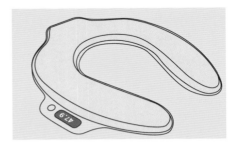

세면대 ➕ 시계

버튼을 누른 시간 동안만 물이 나오는 물 절약 세면대

화장실 변기 ➕ 저울

몸무게는 먹고 싸는 것과 밀접한 관련이 있다. 다이어트를 하는 사람들이라면, 열심히 밀어내고 싶어 할 것이다.

손정의의 방식은 합치기 마법에만 국한되지 않는다. 다른 생각마법에도 같은
방식으로 연습을 해볼 수 있다.
손목시계를 통해서 빼내기 마법을 연습해보자.

손목시계에서 불필요한 부분은 없을까? 손목시계에서 어떤 것을 빼낼 수 있을까?
그 요소를 빼냈을 때의 모습은 어떤 모습일까? 빼냈을 때의 불편함을 어떻게 해결할 수 있을까?
이런 것들을 생각하며, 손목시계에서 불편한 것들을 하나씩 빼내 보면 된다.
독자들도 페이지를 넘기기 전에 잠시 생각해보면 재미있는 답을 만들어 낼 수 있을 것이다.

시곗바늘을 빼내고, 시곗바늘 대신, 숫자에 색깔이 표기
되게 하여 시간과 분을 알 수 있게 하였다.
빨간 분침과 파란 시침이 만나면, 보라색이 된다.

디자이너 Daniel Will-Harris의 시계

숫자도 빼내고, 아예 시계의 가운데 부
분까지 몽땅 빼내도 시간을 알 수 있으
니, 시계로서의 역할을 충분히 하고 있
는 것 아닐까?

독일 디자이너 yiran qian가 디자인한 '아이 오브 더 스톰(eye of
the storm)'이라는 이름의 시계

히로나오 츠보이가 만든 '얼굴
없는 시계'

손목시계의 손목줄만 남기고 다 빼내 버렸다. 대신, 손목시계의 줄 부분
에 시간을 알려주는 LED 숫자가 나온다.

시계를
반드시 손목에
걸어야 할까?

Charles Windlin의 Digitus Ring

문제가 생각을 만든다

대부분의 새로운 생각은 특별한 계기를 통해 만들어지는 경우가 많다.
특히, 어떤 점에서 불편함을 느꼈을 때, 그 불편함을 해결하기 위한 노력 속에서 만들어진다. 그 불편함을 우리는 '문제'라고 부른다.

'문제'는 다음과 같은 수학공식으로 이해될 수 있다.
그렇게 되길 바라는 이상적인 상태 – 현재의 상태 = 문제

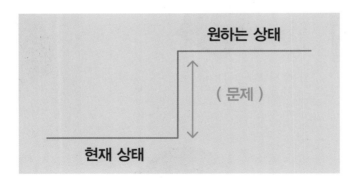

나무로 만들어진 일회용 이쑤시개가 가정이나 식당에서 많이 사용되었다. 사용된 이쑤시개는 음식물 찌꺼기에 섞여 버려지고, 이 음식물 쓰레기는 가축의 사료로 사용되곤 하는데, 이때 가축들이 이쑤시개가 섞인 사료를 먹게 되면 소화기관을 손상시켜 가축들이 죽는 일이 종종 일어나곤 했다.

여기에는 어떤 문제가 있을까? 문제는 각기 다르게 정의될 수 있다.
이쑤시개가 음식물과 함께 섞이는 것이 문제라고 정의할 수도 있고, 이쑤시개가 너무 뾰족하고 단단해서 가축의 위를 손상시키는 것이 문제라고 정의할 수도 있다.
문제를 어떻게 정의하느냐에 따라 해결 방법이 달라진다.

모든 문제는 모순을 가지고 있다.
모순을 해결하는 생각마법

문제에는 모순이 숨어있다.

나무 이쑤시개는 뾰족하고 단단해야 사용할 수 있다. 하지만, 뾰족하고 단단하기 때문에 가축들의 소화기관에 상처를 낸다. 이쑤시개는 뾰족하고 단단해야 하지만, 뾰족하지 않고 단단하지 않아야 하는 모순을 가지고 있다.

사용할 때에는 단단하고, 다 사용한 후 젖은 음식물 쓰레기들과 섞여 쉽게 녹는 녹말 이쑤시개가 특허를 획득했다. 이 녹말 이쑤시개는 정부의 친환경 정책과, 마트의 시식코너 등에 활용되면서 큰 성공을 거두었다.

고층 빌딩이나 아파트에 이사를 할 때, 사다리차가 사용된다. 사다리차의 사다리는 높은 곳까지 닿기 위해 길어야 하지만, 이동을 위해서는 짧아야 한다.

길어야 하고, 짧아야 하는 모순은 포개기 생각마법을 통해 해결되었다.

게임 회사 입장에서는 아이들이 게임을 많이 해야 매출이 올라간다. 그러나 사회적으로는 아이들이 지나치게 게임에 몰입하면 건강이 나빠지고, 가족 간의 화목이 깨진다는 인식이 존재한다.

이런 문제 때문에 정부에서는 밤 12시의 게임 '셧다운제' 정책을 도입하기도 했고, 몰입성이 높은 게임에 대해 청소년 이용불가 판정을 내리기도 한다.

게임은 몰입성이 높아야 매출이 높아지지만, 지나친 몰입성은 규제의 대상이 되는 모순을 가지고 있다.

닌텐도는 게임회사의 이 모순을 근본적으로 해결했다. 위(Wii)라는 게임은 가족이 함께 스포츠, 다이어트, 노래, 운전 등을 온몸으로 즐길 수 있게 함으로써, 건강과 가족 간의 화목을 깬다는 우려를 극복하고, 엄청난 몰입성을 통해 큰 성공을 거두었다.

침대의 문제점은 무엇일까? 침대에는 어떤 모순이 있을까?

푹신한 침대가 허리 건강에 좋지 않은 것이 문제라고 생각한 사람이 있다면, 침대는 허리 건강을 위해 딱딱해야 하지만, 침대는 포근한 잠자리를 위해 푹신해야 한다는 모순이 도출될 것이다.

침대가 커서 방의 공간을 너무 많이 차지하는 것이 문제라고 생각한 사람은 침대는 편안한 잠자리를 위해 커야 하지만, 낮 시간의 생활 공간을 위해서는 작아야 한다는 모순을 발견할 것이다.

그런 경우, 낮에는 침대를 들어 올렸다가, 밤에는 내려서 사용하는 침대를 생각해 볼 수 있을 것이다.

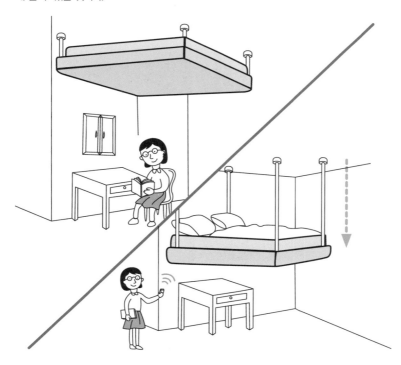

두 가지 종류의 모순

1. 자동차의 힘(마력)을 좋아지게 하면, 연비가 떨어진다. 연비를 높이면 자동차의 힘이 줄어든다.
2. 품질을 높이면 제조원가가 올라가고, 원가를 낮추면 품질이 나빠진다.
3. 사진의 해상도를 높이면 파일의 용량이 커지고, 파일 용량을 줄이면 해상도가 나빠진다.
4. 전투기가 오래 비행하려면 연료통이 커야 하고, 전투기가 날렵하게 비행하려면 연료통이 작아야 한다. 전투기의 연료통은 커야 하고, 작아야 한다.
5. 도끼는 힘을 잘 전달하기 위해 무거워야 하지만, 힘들이지 않고 작업을 하기 위해서는 가벼워야 한다.
6. 대전차 로켓은 적 전차를 파괴하기 위해 화염이 강해야 하지만, 후폭풍을 줄이기 위해 화염이 약해야 한다.

문제에는 모순들이 숨어있다. 위에 열거한 여섯 가지 모순들을 두 가지로 그룹화 할 수 있다.

A가 좋아지면 B가 나빠진다.

위의 예시에서 1~3번까지의 모순들이다. 하나의 변수가 좋아지면, 다른 변수가 나빠지는 경우이다. 자동차의 마력이 좋아지면 연비가 나빠지고, 연비를 높이면 마력이 나빠진다. 품질이 좋아지면 생산성이 나빠지고, 생산성을 높이면 품질이 나빠지는 경우처럼 두 가지 변수가 반비례하는 경우이다.

이것을 기술적 모순이라고 부른다.

기술적 모순은 우리가 경험하는 아주 많은 문제들에서 마주친다. 일을 열심히 하면 건강이 악화될 수 있지만 돈을 많이 번다. 나의 길어진 근무시간은 건강과 현재의 행복에 악영향을 주지만 돈이나 인사고과 등에는 좋은 영향을 준다. 대부분의 변수들은 다른 변수들과 연관되어 있고, 하나를 좋게 하면 다른 하나를 악화시키는 주고 받기의 관계에 있다. 이럴 때 보통 우리는 적정하다고 생각되는 중간지점에서 타협을 한다. 하지만 이것은 생각마법이 아니다.

앞에서 소개한 20가지 생각마법은 중간지점에서의 타협이 아니라, 완전하고 이상적인 해결책을 찾기 위한 생각의 방식이다.

A이지만, A가 아니어야 한다.

위의 예시에서 4~6번까지의 모순들이다. 전투기의 연료통은 커야 하고, 동시에 작아야 한다. 도끼는 무거워야 하고, 동시에 가벼워야 한다. 로켓의 화염은 강해야 하고, 동시에 약해야 한다.

하나의 변수가 어떤 특성을 가지면서 동시에 반대되는 특성을 가져야 하는 경우이다.

이것을 물리적 모순이라고 부른다.

물리적 모순은 하나의 변수를 상반되는 방향으로 만족시켜야 한다. 크면서 작아야 하고, 무거우면서 가벼워야 하고, 길면서 짧아야 한다. 물리적 모순에 있어서도 전통적인 해결책은 타협이다. 적당한 크기, 적당한 무게, 적당한 길이를 찾아내는 것이다.

역시, 타협은 올바른 해결책이 아니다. 물리적 모순을 해결하여, 양쪽 모두를 만족시키는 새로운 생각마법 3가지를 소개하려고 한다.

바로 분리의 마법이다.

- **기술적 모순** : A가 좋아지면 B가 나빠진다. 20가지 생각마법으로 해결
- **물리적 모순** : A이지만, A가 아니어야 한다. 3가지 분리의 마법으로 해결

생각마법 A. 시간에 의한 분리

시베리아는 여름 잠깐을 제외하고는 항상 땅이 얼어붙어 있는 곳이다. 그래서 시베리아에서 땅에 말뚝을 박는 건설공사는 여름에 진행된다. 그런데, 말뚝을 만들어 주는 회사가 말뚝을 너무 늦게 공급해주는 바람에 겨울에 말뚝을 박을 수 밖에 없는 상황이 발생했다.

일반적으로 말뚝은 튼튼하게 지탱하기 위해 말뚝 끝이 뭉뚝했는데, 겨울에 단단한 땅에 말뚝을 박기 위해 끝이 뾰족한 말뚝을 사용할 수 밖에 없었다.

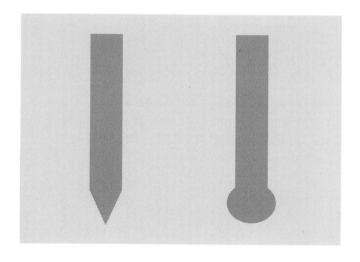

말뚝을 쉽게 박기 위해 말뚝 끝이 뾰족해야 하고, 잘 지탱하기 위해 말뚝 끝이 뭉뚝해야 하는 물리적 모순에 마주한 것이다.

여러분은 이 문제를 어떻게 해결할 것인가?

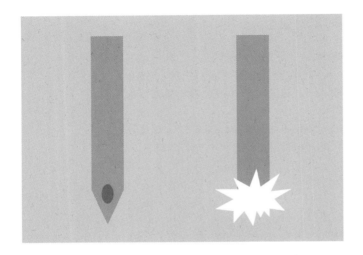

실제로 이 물리적 모순은 시간에 의한 분리라는 생각마법을 통해 해결되었다. 뾰족한 말뚝의 내부에 폭약을 설치한 후, 말뚝이 다 박히고 나서 말뚝의 폭약을 폭발시킨 것이다. 말뚝을 박는 시간 동안은 뾰족한 말뚝이 되고, 말뚝을 지탱해야 하는 시간에는 뭉뚝한 말뚝으로, 시간에 의해 문제를 분리한 것이다.

첫 번째 분리의 마법은 '시간에 의한 분리'이다.
자동차가 다니는 길을 사람이 건너야 할 때, 신호등으로 시간을 분리하는 것과 동일한 원리이다.

2차 세계대전 당시의 이야기이다.
연합군이 독일을 폭격하기 시작했다. 폭격기는 많은 폭탄을 가지고 다니기 때문에 비행기가 크고 무거웠다. 그래서 폭격기가 폭격을 하러 갈 때에는 가볍고 날렵한 전투기가 폭격기를 호위해야 했다. 전투기가 호위를 하지 않으면, 폭격기가 상대편의 전투기들을 만났을 때 꼼짝없이 당할 수밖에 없기 때문이다.

하지만 문제가 있었다. 연합군이 독일 깊숙한 곳으로 폭격을 하러 갈 때에는 거리가 멀어서 전투기가 호위를 할 수 없었던 것이다. 전투기는 날렵하게 비행을 해야 하므로, 무게가 가벼워야 했고, 그래서 연료통의 크기가 작았다. 연합군의 전투기들은 폭격 지점까지 갈 수 있는 연료만 있을 뿐 돌아올 연료가 부족했다. 이 때문에 폭격기들이 전투기의 호위를 받지 못했고, 독일군에게 무방비 상태로 자주 격추를 당했던 것이다.

오래 비행하기 위해 연료 통이 커야 하고, 빠르게 비행하기 위해 연료 통이 작아야 하는 전투기의 모순. 이 모순을 해결한 전투기가 있었다

추가적인 연료 통을 달고 있는 무스탕 전투기

무스탕 전투기는 날개 밑에 연료 통을 추가로 달았다. 그 연료를 사용해서 폭격 지점으로 날아갔다. 폭격기를 호위할 때에는 폭격기의 속도에 맞추어야 하기 때문에 빠르게 날지 않아도 된다. 그리고 폭격 지점에서 독일군 전투기를

만나면, 즉시 연료 통을 떼어버리고 가벼워진 상태로 독일군과 싸울 수 있었다. 돌아올 연료는 일반적인 전투기들처럼 비행기 내부에 있었다.

이동할 때와 전투할 때를 시간적으로 분리함으로써, 무스탕은 2차대전을 연합군의 승리로 이끄는데 크게 기여할 수 있었다.

대전차 로켓은 적 전차의 두꺼운 장갑을 폭파시키려면, 강한 추진력이 필요하고 따라서 로켓의 화염이 강해야 한다. 하지만 강한 화염으로 인해 로켓 뒤로 발생하는 후폭풍은 발사 사수를 위험에 빠트리는 등 많은 부작용을 야기한다. 이 로켓의 화염은 강해야 하고, 동시에 약해야 하는 것이다.

대전차 로켓 '현궁'은 시간에 의한 분리를 이용하여 이 문제를 해결했다. 로켓이 발사될 때에는 콜드런치(Cold Launch) 개념을 활용하여 화염이 없으나, 발사관에서 사출된 후 일정한 거리에 이르면 로켓엔진이 점화되면서 강한 추진력을 얻는 방식이다. 2단 점화의 개념으로 발사 때에는 적은 화염으로 안전성을 높이고, 발사 후에는 강한 화염으로 추진력을 높이는 방식이다. 이 모순을 해결함으로써, 현궁은 두께 900㎜ 이상의 장갑을 갖춘 전차를 파괴할 수 있는 성능과 긴 사거리를 갖추게 됨으로써 세계적인 대전차 로켓으로 호평받게 되었다.

대전차 로켓 현궁

생각마법 B. 공간에 의한 분리

자동차가 원활히 달려야 하고, 사람은 안전하게 건너야 하는 도로에서 신호등으로 시간에 의한 분리를 한다면, 육교나 지하도는 공간에 의한 분리이다. 자동차와 사람의 공간을 완전히 분리시키는 것이다.
첫 번째 분리의 마법은 '공간에 의한 분리'이다.

도끼는 휘두를 때 힘이 실리려면 무거워야 한다. 하지만 무거운 도끼는 힘이 들기 때문에 오래 사용할 수 없다. 가벼운 도끼는 편하지만 나무를 잘 베지 못한다. 도끼의 무거워야 하지만 동시에 가벼워야 한다. 이 모순은 공간에 의한 분리로 해결되었다.

피스카스

'피스카스'라는 도끼는 머리 부분은 무겁게 해서 힘이 실리지만 자루 속이 비어 있어 전체 무게는 가벼워, 벌목공들에게 인기를 끌고 있다.

게임은 게임사의 수익창출을 위해 유료여야 하지만, 회원의 이용률을 높이기 위해서는 무료여야 한다. 과거에 게임의 유료화 방식의 하나로, 가정에서는 무료인데 PC방에서 접속하면 PC방에 과금을 하는 형태로 유료화하는 경우가 있었다. 유료화로 인한 회원 이탈을 최소화하기 위해 접속 장소라는 공간을 분리하여 대응했던 것이다.

화장지는 질겨야 하고, 부드러워야 한다는 모순을 가지고 있다.
질기면서도 동시에 부드러운 화장지를 만들기 위해, 유한킴벌리는 화장지를 3겹으로 바꾸었다.
피부에 닿는 바깥쪽은 부드러운 펄프로, 안쪽은 질긴 펄프를 사용하여 공간을 분리함으로써, 감촉은 부드럽고, 질겨서 경제적이고 한층 도톰한 3겹 화장지를 만들었다. 이 3겹 화장지는 2겹 화장지가 주도하던 시장을 뒤흔들며 새로운 대세가 되었다.

생각마법 C. 전체와 부분에 의한 분리

마지막 분리의 마법은 '전체와 부분에 의한 분리'이다.
어떤 것의 전체적인 특성과 부분적인 특성이 상반되는 방식으로 모순을 해결하는 생각마법이다.

자전거 체인은 다리에서 가해지는 힘을 바퀴에 전달하는 물건이다. 자전거 체인은 부드럽게 휘어질 수 있어야, 바퀴에 힘을 전달할 수 있지만, 고무나 실처럼 부드러운 물건은 너무 쉽게 끊어져서 오랫동안 힘을 견디지 못한다. 자전거 체인은 부드럽게 휘어져서 힘을 잘 전달하면서도, 단단해서 오래 사용할 수 있어야 하는 모순을 가지고 있다.

이 모순은 단단한 것을 연결해서, 부드러운 것을 만드는 방식으로 해결되었다.
쇳덩어리로 만들어진 체인 하나하나는 아주 단단해서, 힘을 잘 견딜 수 있고, 체인 하나하나가 서로 부드럽게 연결되어서, 잘 구부러질 수 있게 만들어진 것이다.
전체는 부드럽고, 부분은 단단한 형태이다.

이 그림은 전체는 YES를 말하고 있지만, 부분은 NO를 말하고 있다. NO를 연결해서 YES를 만드는 방식이 전체와 부분에 의한 분리이다.

구글 웹사이트는 전체적으로는 광고가 없는 것처럼 보이지만, 부분적으로는 고객이 입력하는 키워드에 따라 맞춤형 광고를 하고 있다. 광고료가 비싼 메인페이지에는 광고를 하지 않아 전체적으로는 광고가 없는 것처럼 보인다. 사용자가 검색을 하면 사용자의 관심 키워드에 맞추어 필요한 광고를 부분적으로 노출한다.

기술적 모순과 물리적 모순의 관계

사실 기술적 모순은 물리적 모순을 가지고 있고, 물리적 모순에는 기술적 모순이 숨어 있다. 따라서 이 두 가지를 딱 잘라 구분하기 위해 노력하지 않아도 된다. 기술적 모순만이 보이는 문제에 세가지 분리의 마법이 사용될 수도 있고, 물리적 모순으로 보이는 문제에 20가지 생각마법이 사용될 수도 있다.

단단하면서 부드러워야 하는 이쑤시개의 모순은 사용할 때는 단단하지만, 다 사용하고 나서 음식물 찌꺼기와 섞이면 부드럽게 녹는 '시간에 의한 분리'가 적용되어 있다. 동시에 앞서 소개한 것과 같이 나무에서 녹말로 재료의 속성을 바꾸는 생각마법이 적용되어 있다.

사용할 때는 길어지고 사용하지 않을 때에는 포개기 마법에 의해 짧아지는 사다리차 역시 시간에 의한 분리이면서 포개기 마법이다.

이륙과 착륙을 위해, 비행기에는 바퀴가 있어야 한다.
그러나 비행기가 하늘을 날 때는 바퀴가 없어야 한다.

대표적인 물리적 모순이며, 이 모순은 시간에 의한 분리로 해결되었다.
이륙과 착륙 시에는 바퀴가 바깥으로 나오지만, 비행을 할 때에는 자유롭게 움직이게 하기 마법에 의해 바퀴가 비행기 동체 안으로 접혀 들어간다.
물리적 모순은 기술적 모순으로 연결될 수 있고, 시간, 공간을 분리한 후, 분리된 시간과 공간에서 물리적 모순을 해결하기 위한 방법으로 20가지 생각마법이 사용될 수 있다.

김대리의 아내를 위한 도마 만들기

야무지지 못한 김대리의 아내는 김치찌개나 김치볶음밥 같은 요리를 할 때마다, 싱크대를 김치 국물로 얼룩지게 한다.

도마에서 김치를 자를 때마다 김치 국물이 흐르는 것이다. 사고는 자기가 치고, 뒷정리는 꼭 김대리를 부르는 아내.

"여보, 야무지게 좀 하면 안돼? 왜 자꾸 싱크대를 이렇게 만드는데?"

아내에게 눈을 흘기며 반항을 해 보지만, 우리 모두가 그렇듯이 당연히 바뀌지 않는다.

이 문제를 해결해 보고자, 김대리가 생각마법을 쓰기 시작했다.

1. 문제가 뭘까?

문제는 김치 국물이 흘러서 싱크대가 더러워지는 것

2. 어떤 모순이 숨어있을까?

왜 국물이 흐를까? 도마가 평평하니까

도마가 오목하다면 밖으로 흐르지 않을 것이다. 하지만, 도마가 오목하다면 칼로 음식을 잘 자를 수 없지 않을까?

결국, 도마는 평평해야 하지만, 또 평평하지 않아야 한다.

3. 평평하지만 평평하지 않아야 한다는 물리적 모순, 분리의 마법을 적용해 보면 어떨까?

평평해서 칼질을 하는데 불편하지 않고, 국물이 밖으로 흐르지 않는 도마

자, 이제 김대리는 생각마법들을 떠올리며, 문제를 해결하기 시작했다.

홈이 있는 도마

첫 번째 생각마법 : 분리의 마법, 일부를 다르게 하기

도마 전체가 다 평평할 필요는 없지 않을까?
칼질이 주로 이루어지는 가운데 부분만 평평
하게 하고, 도마 주변의 테두리에
오목한 작은 홈을 만들어 공간을 분리하면 어
떨까?
좋은 생각이었지만, 그 홈을 넘어설 정도로
국물이 많을 때에는, 결국 마찬가지였다.

두 번째 생각마법 : 비대칭으로 만들기

평평하면서도 한 쪽으로만 국물이 흐르게 할
수는 없을까?
맞아! 도마를 살짝 기울이면 싱크대의 개수구
로 홈을 따라 국물이 흐를 거야. 바로 비대칭
마법이지.
이것도 좋은 생각이었지만, 김치 국물이 다
버려지게 되자, 김치찌개가 맛이 없었다. 이
국물은 버리는 것이 아니었다.

홈이 있으면서 한쪽으로 기울어진 도마

세 번째 생각마법 : 미리 준비하기 ⋯ 자유롭게 움직이게 하기

도마에 국물받이 그릇을 미리 준비하자. 그리
고, 이 국물받이 그릇을 자유롭게 붙였다 떼
었다 할 수 있게 하면 되겠다.

홈이 있고, 한쪽으로 기울어져 있으면서, 떼어낼
수 있는 국물받이 그릇이 미리 준비된 도마

CHAPTER 5

광고와
생각마법

20가지의 생각마법은 창의력과 발상이 필요한 모든 경우에 빛을 발한다. 새로운 기획과 아이디어의 전쟁터인 광고 분야에도 생각마법을 적용하여 사고하면 재미있고 획기적인 결과물들을 도출할 수 있다.

자유롭게 움직이게 하기 마법이 적용된 구부러지는 칫솔 광고

기다란 버스의 중간 부분이 구부러지는 굴절버스. 굴절버스는 길기 때문에 사람을 많이 태울 수 있으면서도, 굴절되는 중간 부분 때문에 좁은 코너도 잘 돌 수 있다. 굴절버스는 일반 버스에서 움직이지 않던 부분을 자유롭게 움직이게 했다.

이 칫솔 광고는 굴절버스처럼, 움직이지 않던 칫솔의 중간 부분을 움직이게 함으로써 치아 안쪽까지 잘 닦을 수 있다는 점을 굴절버스를 통해 광고하고 있다.

굴절버스가 구부러질 때마다, 칫솔이 함께 구부러짐으로써 칫솔의 특징을 효과적으로 표현한 광고이다.

색깔 바꾸기의 원리가 적용된 코카콜라 광고

일부의 색깔을 투명하게 만든 코카콜라 광고 컵. 코카콜라 특유의 병 모양만큼 컵을 부분적으로 투명하게 했고, 콜라가 채워지면 브랜드가 잘 노출된다.

WWF(세계자연보호기금)의 광고

부분적으로 투명하게 적용된 1회용 티슈 케이스는 일회용 티슈를 하나씩 꺼내 쓸 때마다, 아마존의 초록 삼림이 까맣게 타 들어가는 것을 표현하고 있다.

부분적으로 투명하게 하여, 날씨에 따라 머리색이 다르게 보이도록 하였다.
색깔 바꾸기, 일부를 다르게 하기 마법이 들어있다.

KOLESTON naturals라는 헤어 케어 전문 브랜드의 염색약 광고

시계 ➕ 광고

주변의 사물과 자연스럽게 결합한 양치기 광고

전기줄 ➕ 광고

터널 ➕ 광고

맥도날드는 24시간 영업을 한다는 외국의 실외 광고탑 광고. 시계와 광고를 결합하여, "지금 시간에도, 우리는 열려있습니다." 라는 광고 카피가 맥도날드의 24시간 영업을 잘 표현해 준다.

코털제거기 회사의 광고는 주변의 전깃줄이 콧구멍을 통과하게 하여, 코털처럼 보이도록 표현했다. 터널과 진공청소기를 결합하여 자동차를 빨아들일 만큼 강력한 청소기라는 의미를 전달해 준다.

시계나 전깃줄, 터널과 광고를 결합한 '합치기 원리'가 적용된 광고이다.

일반적인 광고는 천장에 부착되지 않는데, 이 대
머리 치료제 광고는 천장에 거울을 설치하고, 거
울 위에 광고 문구를 넣었다. 스스로는 보기 힘
든 자기 정수리 부분을 볼 수 있게 하여, 머리가
없는 사람들이 대머리 치료제를 구입하려는 마
음이 들도록 유도한다.

광고를 부착하는 방향을 벽에서 천장으로 방향
을 바꾸어, 상품의 특징에 맞도록 효과적인 광고
를 하고 있다. 또 거울을 이용하여, 광고 속으로
소비자의 모습을 복사해 넣어, 광고효과를 높이
고 있다.

방향 바꾸기, 복사하기 광고

전봇대에 부착된 발레 학원의 광고이다. 일반
적인 평면 광고에서 벗어나, 발레를 연상하게
하는 광고를 하고 있다. 아래 발레복의 한 칸
한 칸에는 발레 학원의 전화번호가 적혀있어,
필요한 사람은 떼어갈 수 있다. 평면을 입체로
바꾼 차원 바꾸기 광고.

피트니스 센터의 광고, 비만을 표현하기 위해 광고판을 비대칭으로 만들었다.

복사하기 마법이 적용된 광고, 벤치에 앉았 던 사람들이 광고를 복사하여, 걸어 다니는 광고판이 된다.

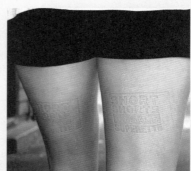

주머니 안에 금속 물질을 넣고 있는 사람들은, 광고판
의 자석에 의해, 옷이 당겨지게 된다.

누가 날 잡아당기는 거야? 라는 생각을 하면서 뒤돌아
한 번 더 광고를 쳐다보게 한다. 즐겁고 신기한 미소로
광고판을 바라보는 사람들의 표정이 인상적이다.

광고판이 설치될 주변의 사물들과 결합하여 더 효과적
으로 광고할 수 없을까?

부분적으로 투명하게 하거나 색을 바꾸어 주면 어떨까?

방향을 바꾸거나 더 입체적으로 표현할 수 없을까?

광고 안에 광고를 포개어 넣을 수는 없을까?

광고 안에 거울이나 스크린을 넣어, 소비자의 모습이 복
사된 광고를 만들면 어떨까?

광고를 쪼개거나 광고가 바람이나 햇빛과 같은 것을 따
라 자유롭게 움직이게 하거나, 공중부양하게 할 수는 없
을까?

생각마법은 다양한 곳에서 창의적인 생각의 도구로 매
우 효과적이다.

광고판의 일부에 자석을 삽입한 광고,
일부를 다르게 하기 마법.

차원 바꾸기 마법이 적용된 호머심슨 광고,
평면이 아니라, 움직이는 입체에 광고를 덧붙였다. 에스
컬레이터를 따라 도넛을 먹어 치우는 호머심슨을 광고
하고 있다.

기존의 질서를 허무는 도발적인 생각은 성공 여부를 떠
나서, 언제나 옳다.

CHAPTER 6

기업의
혁신과
생각마법

정주영 공법

"임자, 해봤어?"
정주영의 뚝심과 돌파의 리더십을 상징하는 말로
유명하지만, 정주영은 특유의 저돌성 못지않게 넘치는
상상력을 가진 리더였다.
정주영은 늘 더 싸고, 빠르며, 더 효율적인 방식을
찾아 문제를 해결하고자 했고, 할 수 있다고 생각되는
아이디어는 저돌적으로 밀어붙여 성과를 만들어 냈다.

1984년, 현대건설은 바다를 막아 육지를 만드는 서산
간척지 사업을 하고 있었다. 길이 7,686m의 방조제를
축조하여, 총면적 153,813Km²의 간척지를 조성하는 초
대규모 사업이었다.
그런데, 서산 방조제 공사의 마지막 물막이 단계에서,
270m를 남겨두고 난관에 봉착했다. 9m에 달하는
조수간만의 차와 초당 8.2m의 빠른 유속으로 인해 더
이상 방조제 공사를 진행할 수 없게 된 것이다. 10톤이
넘는 바위도 순식간에 쓸려 내려가면서, 마지막 물막이
공사는 중단되었다.

이 문제는 어떻게 해결되었을까?

정주영은 유속을 줄이기 위한 중간매개물로 폐 유조선을 활용하였다. 고철로
사용하려고 스웨덴에서 들여온 23만 톤짜리 초대형 유조선을 공사 구간에 바
짝 붙인 후, 물막이 높이를 맞출 수 있도록 유조선 탱크에 바닷물을 넣어 유조
선을 가라앉혔다.

유조선이 가라앉아 유속이 크게 느려지자, 유조선의 양쪽에서 10여일 간 흙과
돌을 퍼 부었고, 공사는 성공적으로 마무리되었다. 공사가 완료된 후, 유조선은
폐기되어 고철로 재활용되었다.

세계 어디에도 없던 이 기상천외한 아이디어는 정주영 공법이라는 이름으로 전
세계 매스컴의 놀라움과 찬사를 받았다.

유조선(생각마법 19번, 중간매개물)을 활용하고, 바닷물로 유조선을 가라앉힌 후(생각마법 16번, 높이 맞추기), 다 사용된 폐 유조선을 고철로 재활용(생각마법 20번, 재활용하기)한 정주영은 생각마법의 달인이었다.

현대가 주베일항 공사를 진행할 때의 일이다. 당시 콘크리트로 만드는 스타비트가 16만 개 필요한 상황이었는데, 하루에 200개씩 800일이 걸린다는 보고를 들었다.
현장을 찾은 정주영은 어이가 없었다.
레미콘 트럭에서 콘크리트를 거푸집에 바로 쏟아붓는 것이 아니라, 레미콘 트럭에서, 크레인 버킷으로 일단 콘크리트를 쏟아낸 다음, 이것을 다시 거푸집으로 옮기고 있는 것이었다.

"왜 바로 쏟아붓지 않느냐?" 라고 물으니,
"레미콘 트럭의 배출구 높이와 거푸집 높이가 안 맞기 때문입니다."라는 답변을 듣게 되었다.

이 책의 독자들은 이제 정주영이 어떻게 문제를 해결했는지 짐작할 수 있을 것이다.
"아니, 레미콘 트럭의 배출구를 높이에 맞게 개조하면 되는 것 아니오?"

사실 대단한 아이디어가 아닐 수도 있다.
손쉽게 생각해 낼 수 있는 높이 맞추기에 불과하다. 그러나, 여기에는 생각의 감옥, 생각의 한계점이 존재한다. 레미콘 트럭을 처음부터 설계하고 발주했다면, 높이에 맞지 않는 트럭을 만들지는 않았을 것이다. 하지만 대부분의 사람들은 레미콘 트럭이 완제품으로 나오기 때문에, 변화에 대한 상상 자체를 하지 못한다.
레미콘 트럭이 개조되자, 스타비트 생산량이 200개에서 350개로 대폭 늘어났고 공사기간도 크게 단축되었다.

미래 에너지와 생각마법

정주영에 의해 탄생한 서산간척지는 식량 자급이 강조되던 시절 농지 확보를 목표로 추진됐다. 하지만, 이 땅은 소금기가 많아 생산성이 좋지 않았고, 식량 자급도 중요한 국가 과제가 아닌 상황에서, 2018년 정부는 서산 간척지에 여의도 면적의 3분의 1크기의 태양광 발전소를 짓기로 했다.

환경오염을 일으키는 화석연료나 환경 리스크가 높은 원자력발전을 대체할 미래 에너지로, 신재생 에너지, 친환경 에너지가 주요한 미래 산업으로 부상하고 있는 것이다.

미세먼지의 공습, 매년 신기록을 경신하는 폭염, 화석연료와 원자력의 위협 속에서 태양광, 수소, 바이오, 지열, 조력, 풍력 등의 미래 친환경 에너지 산업의 중요성이 커지고 있다.

친환경 에너지의 가장 큰 문제점은 비용이다. 에너지 효율이 높지 않거나, 유지보수에 들어가는 비용이 높아, 화석, 원자력 에너지에 비해 많은 비용이 든다.

다양한 혁신기업과 스타트업들이 이 문제를 생각마법으로 해결하고 있다.

여러 신재생 에너지 분야에서 많은 도전들이 진행되고 있지만, 풍력발전으로 범위를 좁혀, 몇 가지 새로운 시도를 하고 있는 기업과 혁신 사례들을 살펴보고자 한다.

풍력발전은 태풍으로 인한 피해와 그로 인한 유지보수 비용이 매우 높다. 어떻게 태풍의 피해를 줄일 수 있을까? 이 문제는 많은 연구자들의 골칫거리였다.

미국의 샌디아(Sandia) 연구소는 태풍에 맞서지 않고, 자유롭게 움직이는 새로운 프로펠러를 설계했다. 이 신형 프로펠러는 강한 바람에도 잘 견딜 수 있어 기존보다 저렴한 비용으로 2.5배 이상 거대한 풍력발전소를 만들 수 있다.

이 프로펠러는 태풍에도 부러지지 않는 야자수에서 영감을 얻었다고 한다.

바람에 유연하게 대응하는 풍력발전 프로펠러
자유롭게 움직이게 하기

풍력발전의 프로펠러는 생각보다 많은 문제를 야기한다.

새들이 프로펠러에 부딪혀 죽고, 전파 방해를 유발하는 것은 물론, 날개가 돌아가면서 진동과 소음이 발생하여 인근 주민들에게 많은 고통을 준다. 프로펠러의 소음에는 인간이 들을 수 없는 저주파 영역의 소리가 많이 포함되어 '윈드 터빈 신드롬(Wind Turbine Syndrome)'이라고 불리는 고통(저주파 음파에 장기간 노출될 경우 두통, 메스꺼움, 기억력 저하, 이명 등의 악영향)을 유발한다고 한다.

스페인 기업 보어텍스(Vortex, https://vortexbladeless.com/)는 풍력발전기에
빼내기 마법을 적용했다. 골치덩어리인 프로펠러를 빼내버린. 날개 없는 풍력발
전기를 만들고 있는 것이다.
날개 없이 긴 막대 1개가 흔들거리면서 전력을 얻는 깜짝 놀랄만한 새로운 풍
력발전기이다.

날개 없는 풍력 발전기 (출처 : 보어텍스 vortexbladeless.com)
끝내기

이 날개 없는 풍력발전기는 긴 막대가 바람에 의해 좌우로 흔들거리며 막대에 진동이 일어나고, 그 힘을 이용하여 전기를 생산한다. 기존에 날개가 있는 풍력발전기에 비해 에너지 효율은 낮지만, 제조비용은 53%, 운영비용은 51%까지 절감할 수 있고, 회전 부분이 없어 베어링이나 기어 마모가 발생하지 않는 등 유지보수 비용은 80%까지 절감할 수 있어 더 효과적이라고 한다.

날개가 없어 설치 면적이 작으며, 날개가 돌아가면서 발생하는 소음이나 윈드 터빈 신드롬과 같은 부작용이 없어, 사람 가까이에서 에너지를 제공해 줄 수 있다. 이 회사는 3미터 이하의 작고 저렴한(300 달러 이하) 무제한 발전기를 개별 가정에 보급하는 것을 목표로 하고 있다.

보어텍스는 기술력과 가능성을 인정받아 여러 투자자와 EU로부터 자금을 지원받으며 개발에 속도를 내고 있다.

Altareros Energies라는 기업도 획기적인 아이디어의 풍력발전소를 만들었다. 바로 지상이 아닌 공중에서 풍력발전을 하겠다는 개념인데, 풍력발전을 위한 기구를 띄워 공중에서 풍력을 통해 에너지를 생산한다.

이 공중부양 풍력발전소는 지상에서보다 공중으로 올라갈수록 바람의 세기가 크기 때문에 2배 정도의 효율을 보여준다고 한다. 이 공중 풍력발전소는 헬륨으로 채워져 공중에 부양된다.

또, 인터넷을 사용할 수 없는 오지에서는 이 공중부양 풍력 발전기기가 와이파이(WiFi) 핫스팟의 역할까지 다용도로 수행해준다. 현재는 주로 발전설비 운용과 인터넷 접속이 어려운 지역에 제한적으로 활용되며, 최초의 테스트는 알래스카에서 진행되었다.

공중부양 풍력발전소 (출처 : Altareros Energies)

생각마법 : 공중부양, 다용도로 만들기

공중이 아니라 해상에 풍력발전기를 공중부양시키기도 한다.
풍력발전은 넓고 탁 트인 공간이 필요하기 때문에, 입지가 제한되며 토지 매입
을 위한 비용도 매우 크다. 이 때문에 육지가 아닌 해상에 풍력발전기를 부양시
켜 발전을 하는 해상 풍력발전소가 만들어지고 있다. 2018년부터 울산시는 바
다에 풍력발전기를 띄우는 부유식 해상 풍력발전 단지를 조성하는 사업을 추
진하고 있다.

스코틀랜드의 그린오션에너지(Green Ocean Energy)라는 기업은 파도의 힘과
바람의 힘을 함께 이용한 고효율의 해상 풍력 발전소를 만들고 있다.
합치기 마법이 활용된 이 풍력발전소는 파도의 움직임에 의한 상하운동과 바
람에 의한 회전운동을 전기에너지로 바꾸어 에너지 효율을 높여준다. 해상 풍
력발전기 몸체에 수면의 파력에 따라 운동하는 구조물을 설치하여 풍력발전에
파력발전을 더하는 방식이다.

합치기 풍력발전 (출처: Green Ocean Energy)

젊은 스타트업들이 아이디어를 바탕으로 막대한 투자를 받아 다양한 미래 에
너지 기술을 개발하고 있으며, 이러한 혁신적인 시도들이 우리의 미래를 획기
적으로 바꾸어 낼 것이다.

1만년의 고정관념을 깨는 조셉조셉과 Royal VKB

고분을 발굴하면 토기나 돌칼 같은 것들이 발견된다. 그릇이나 칼과 같은 물건들은 1만 년 전부터 지금의 모습을 하고 있었다. 1만 년 동안 유전자를 통해 내려온 경험과 관습은 새로운 생각들을 더욱 어렵게 만든다.

쌍둥이 형제인 안토니 조셉과 리처드 조셉은 2002년 9월에 조셉조셉(Joseph Joseph)이라는 이름의 회사를 창업했다. 이들은 가장 익숙하고 흔한, 도마나 그릇, 국자, 주방용 칼과 같은 제품에서 고정관념을 깬 혁신을 하고 있다.

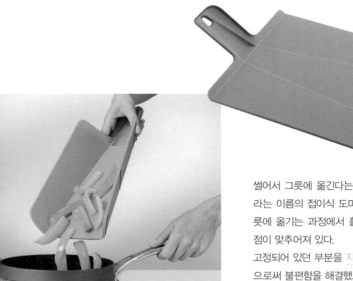

접히는 도마 Chop2Pot (출처 : www.josephjoseph.com)

썰어서 그릇에 옮긴다는 의미를 가진 Chop2Pot이라는 이름의 접이식 도마는, 야채 등을 자른 후 그릇에 옮기는 과정에서 흘리거나 하는 불편함에 초점이 맞추어져 있다.
고정되어 있던 부분을 자유롭게 접고 펼 수 있게 함으로써 불편함을 해결했고, 그 결과 천만 개가 넘는 판매량을 기록하게 되었다.

색깔을 바꾸어 히트 상품이 된 도마도 있다.
어류나 육류를 사용하던 도마에 채소를 사용할 때 위생상의 불안감을 느끼는
주부들을 공략한 제품이다.

과일이나 채소를 썰 땐, 초록색 도마를 꺼내 쓰고, 육류에는 빨간 도마를 사용
한다. 어류를 위한 파란 도마, 가공식품을 위한 하얀 도마 등, 용도에 맞는 색
깔을 제공한 도마로 세계적인 유명 제품이 되었다.
단지 색깔만 다른 도마들을 추가했을 뿐이다.

조셉조셉의 다양한 색깔의 도마 세트 (Colour-coded chopping board)

둥지(Nest)라는 이름과 어울리는 그릇이다.
주방이 넓지 않은 젊은 부부나 1인 가구들을
대상으로 고안되었다. 다양한 모양과 크기의
아홉 개의 그릇들이 좁은 공간에 깔끔하게
수납된다.

포개기 마법을 활용했다.

조셉조셉의 네스트(Nest)

조셉조셉의 조리도구 세트 역시 다양한 모
양과 용도를 가지고 있지만, 깔끔하게 포개
어져 수납된다.

조셉조셉의 국자는 이런 모양을 가지기도 한다. 국자의 일부를 조금 다르게 만들었을 뿐인데, 국자가 공중부양되어 위생적이다.

이 밖에도 조셉조셉은 여러 생각마법들이 적용된 제품들도 선보이고 있다. 도마의 재질을 유리로 속성을 바꾼 도마도 있고, 조리대, 플레이트, 냄비받침 등 다용도로 사용할 수 있도록 내열 처리된 도마도 판매한다.

조셉조셉처럼 생각마법을 활용하여 재미있고 혁신
적인 주방용품들을 만들고 있는 기업이 또 있다.
Royal VKB라는 이름의 네덜란드 기업이다.
네덜란드에서는 100년 이상 성공적으로 기업을 경
영한 경우에 한해 로얄(Royal)이라는 칭호를 허락해
주는데, Royal VKB의 여러 제품들을 둘러보면 바로
그 이유를 짐작할 수 있다.

Royal VKB가 만든 웍이다. 왜 비대칭으로 만들었을지
바로 알아챌 수 있다. (이하 출처 : royalvkb.com)

아주 많은 인기를 끌고 있는 마늘 다지기
이다. 납작한 부분과 울퉁불퉁한 부분이
공간적으로 분리되어 있다. 납작한 부분으
로 눌러주고, 울퉁불퉁한 부분으로 굴려주
면 매우 쉽게 다져진다고 한다. 납작해야
하지만, 납작하지 않아야 하는 모순이 숨
어 있다. 공간에 의한 분리, 그리고 일부를
다르게 하기 등의 생각마법이 들어 있다.

서빙용 쟁반이다. 단지 기다란 손잡이를 달았을 뿐이다. 비대칭으로
달린 손잡이는 포개어지고 자유롭게 접힌다. 간단한 손잡이 하나로
동시에 여러 쟁반을 쉽게 나를 수도 있고, 더 안정성 있게 음료나 음
식을 나를 수 있다고 한다.

아래 Royal VKB의 여러 제품들을 살펴보자. 한눈에 어
떤 생각마법이 숨어 있는지 알아낼 수 있을 것이다.

조셉조셉이나 Royal VKB는 색깔을 바꾸고, 포개고, 재
질의 속성을 다르게 하거나, 일부 모양을 바꾼다. 움직이
지 않던 부분을 자유롭게 움직이게 하고, 비대칭으로 만
들며, 다용도로 사용할 수 있게 바꾸는 등, 생각마법을
자유자재로 활용한 많은 히트 상품을 만들어 냈다.
놀라운 기술이 적용되어 있는 것도 아니고, 아이폰처럼
세상에 없던 새로운 제품도 아니다. 1만 년 넘게 우리 곁
에 있던 칼이나 그릇, 쟁반이나 도마, 국자와 같은 것들
에 생각마법을 덧붙여 조금씩 바꾸었을 뿐이다.

다이슨의 빼내기 마법

1979년 어느 날 청소를 하던 제임스 다이슨은 진공청소기의 흡입력이 떨어진 다고 느꼈다. 청소기를 분해했더니, 먼지가 먼지봉투의 미세한 구멍을 막고 있었다. 다이슨은 창고 안에 틀어박혀 새로운 진공청소기를 개발하기 위한 실험을 시작했고, 5년 뒤 다이슨이 만든 청소기에는 먼지봉투가 빼내어져 있었다. 이 청소기는 18개월 만에 영국 진공청소기 판매 1위를 차지했다. 그리고 전 세계적으로 대성공을 거두며 '비틀스 이후 가장 큰 성공을 거둔 영국 제품'이라는 찬사를 듣게 되었다.

최초의 먼지봉투 없는 진공청소기와, 무선 진공청소기 (출처 : 다이슨)

그 후, 다이슨은 유선 청소기에 대한 연구와 개발을 모두 중단하고, 무선 청소기에 연구력을 집중하며, 거추장스러운 선을 빼낸 무선 청소기의 시대를 선도하고 있다.

고객에게 불편을 주는 것, 불필요한 것들을 빼내고, 더 좋은 성능을 낼 수 있는 방법을 찾는 일이 다이슨의 혁신이다.
다이슨은 절대 시장의 유행을 따라 하지 않는다. 다른 기업들이 트렌드나 시장의 니즈, 경쟁 제품들로부터 제품 개발을 시작한다면, 다이슨은 무엇이 불편한가. 불편함을 유발하는 이것이 꼭 필요한가라는 질문을 통해, 제품 개발을 시작한다. 그리고 당연하게 여겨지지만 모두에게 불편했던 것들을 제거한 최고의 제품을 만들어낸다.

선풍기의 날개는 127년간 이어져 왔다.
제임스 다이슨은 "선풍기에 왜 날개가 있어야 하지?"라는 의문을 품기 시작했다. 오히려 선풍기의 날개 때문에, 바람이 매끄럽지 않고, 날개를 분리해 청소하는 것도 복잡하다. 특히, 아이들이 돌아가는 선풍기에 손가락을 넣어 다치는 사고가 종종 일어난다.
다이슨은 127년간 이어온 선풍기의 틀을 깨고 날개를 빼냈다.
다이슨은 비행기 날개에서 발생하는 기류 원리를 선풍기에 적용해 세계 최초의 날개 없는 선풍기를 선보였다.

다이슨의 빼내기 마법은 계속 이어지고 있다.

2018년 다이슨은 소음이 없는 헤어드라이어, 다이슨 슈퍼소닉을 출시했다. 슈퍼소닉에서 발생하는 소음은 인간의 가청 영역을 뛰어넘어, 사람들이 들을 수 없다. 슈퍼소닉(Supersonic)이라는 이름은 소음 없는 청소기를 상징한다. 헤어드라이어를 사용하는 동안 소음 때문에 TV소리가 잘 들리지 않는다거나 하는 불편함은 누구나 느껴보았을 것이다.

익숙함에서 불편함을 찾아내고, 불편함을 유발하는 것이 청소기의 먼지봉투나 선풍기의 날개와 같이 그 제품의 핵심부품이라고 할지라도 과감하게 제거하는 발상의 전환. 그것이 다이슨의 힘이다.

다이슨의 다음 마법이 기대된다.

러쉬(LUSH)의 마법

영국의 화장품 브랜드 러쉬(LUSH)의 공동 창립자 콘스탄틴은 창업 당시 3가지 빼내기 원칙을 세웠다.
인공 재료를 빼낼 것, 광고를 빼낼 것, 포장을 빼낼 것

러쉬는 천연 재료를 사용하고, 포장을 하지 않으면서 친환경 기업의 이미지를 소비자에게 각인시켰다.
포장과 광고에 들어가는 비용을 절감하면서, 원가를 줄이게 되어 제품 품질에 집중할 수 있었다.
또한 알록달록한 색감의 천연 재료는 오히려 포장을 했을 때에 비해 독특하고 매력적인 시각효과를 창출했다. 포장이 없으니 더욱 강한 향기가 났다. 러쉬 매장을 지나는 사람들은 강한 향기에 이끌려 걸음을 멈춘다.

러쉬 매장은 화장품 매장이라기 보다 식품 매장에 가깝다. 고객이 비누를 주문하면, 유럽 시장에서 치즈를 파는 것처럼 커다란 덩어리 비누를 원하는 만큼 썰어 판매한다. 러쉬는 자신들의 공장을 부엌(Kitchen)이라고 부르며, 제품의 신선도에 집중한다. 유통기한이 14개월인 제품도 4~5개월 이상 매장에 두지 않는다.

러쉬는 인공재료와 광고, 포장을 빼내면서 품질, 신선도, 제품의 본질적 매력에 집중했고, 러쉬는 친환경 이미지를 확고히 구축하게 되었다. 러쉬의 마법은 이러한 빼내기에 국한하지 않는다.
러쉬는 제품의 속성을 바꾸기 위한 새로운 시도들을 지속하고 있다.

러쉬는 액체 샴푸의 속성을 바꾸어 고체 샴푸를 만드는 혁신을 시도했다. 고체 샴푸 하나는 액체 샴푸 3병만큼 사용할 수 있으며, 샴푸를 보관할 플라스틱 용기도 필요 없고, 금속 스프링 탓에 재활용이 까다로웠던 디스펜서도 사라졌다.

샴푸바에는 비닐 등의 포장도 들어가지 않았다. 고체 샴푸바를 덩어리 째 팔기 시작했다.

이 제품이 처음 출시됐을 때 고객들이 비누로 착각하고 구매해갔던 것이 약간의 문제점. 이 혁신적인 시도는 큰 호응을 얻었고 러쉬의 친환경 이미지는 더 공고해졌다.

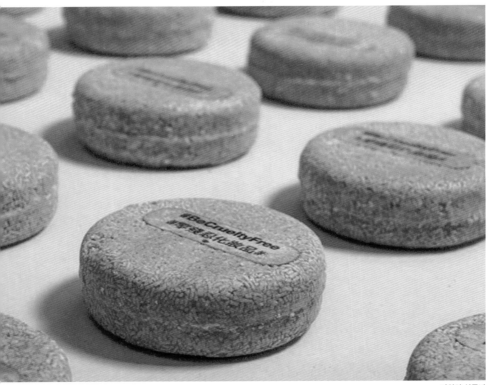

러쉬의 샴푸바

러쉬의 고체 치약

러쉬는 비누뿐 아니라, 치약의 속성도 고체로 바꾸었다.
딱 적정한 양만큼 사용할 수 있고, 여행 갈 때 필요한 만큼 덜어 휴대하거나, 마
지막까지 짜서 쓰기 어려운 기존 치약보다 낭비도 적다.

당신의 마음을 읽고 스스로 움직이는 아마존의 마법

우리는 필요한 제품을 구매하기 위해 발품을 팔고, 장바구니에 담고, 결제를 한 후, 자동차에 싣는다. 온라인 시대에 와서도 유사한데, 필요한 제품을 서칭하고, 선택한 제품을 장바구니에 담고, 결제를 한 후, 배송을 기다린다.

이것만으로도 세상이 참 좋아졌구나 싶던 시기가 얼마 지나지 않은 것 같은데, 다시 한번 쇼핑이 송두리째 바뀌고 있다. 바로 아마존이라는 기업이 그 변화의 선두에 서 있다.

이제 고객은 원하는 제품의 버튼을 누르거나 (아마존 대시버튼), 원하는 제품의 바코드를 스캔하거나 (아마존 대시완드), 원하는 제품을 말하기(아마존 에코)만 하면 된다.

아마존 대시버튼

아마존 대시완드

사실 지금도 아마존은 당신이 무엇을 원하는지를 알고 있고(당신이 아마존의 이용자라면), 그것을 다양한 방식으로 권해주고 있다. 아마존은 머지않아, 당신이 원할만 한 제품을 권해주는 것을 뛰어넘어, 당신에게 필요한 물건을 알아차리고, 필요할 때에 그 제품이 당신의 손에 도착할 수 있도록 할 것이다.

아마존 에코

당신이 원하는 것을 가장 쉽고, 빠르고 값싸게 보내주는 것.
아마존은 당신의 마음을 읽고 스스로 움직이는 모든 프로세스와 플랫폼을 만들어 나가고 있다.

당신의 구매 패턴과 어마어마한 사용자의 구매 데이터를 기반으로, 아마존은 매우 똑똑한 추천을 해준다. 아마존의 웹, 앱, 대시버튼, 대시완드, 에코 등을 통해 당신의 의사결정이 이루어지면, 자동으로 결제가 일어나고, 스스로 움직이는, 세상에서 가장 효율적인 물류 시스템을 거치게 된다.

아마존의 창고는 스스로 움직이는 방향으로 진화하고 있다.
아마존은 2012년 창고 관리를 위한 로봇 키바를 처음으로 설치하였다. 키바는 바퀴가 달려있는 장치로 지정된 경로에 따라서 이동하는데, 직원의 명령에 따

라 해당 제품이 있는 선반으로 이동해서 선반 아랫부분으로 들어간다. 그리고
는 선반을 통째로 이동시켜 직원에게 가져다주고 다시 제자리로 가져가는 방식
이다.

아마존이 본격적으로 자사 물류창고 등에 로봇을 배치하기 시작한 건 2015년
부터다. 아마존 로봇은 15분 안에 제품 분류, 포장, 배송준비까지 완료할 수 있
는 것으로 알려진다. 현재 아마존은 전 세계 26개 주요 배송 센터에 10만 대의
로봇을 배치하고 있다.

아마존은 고객의 구매 데이터를 자동으로 분석하여, 고객이 구매할 것으로
예측되는 상품을 고객 배송지의 근처 거점으로 미리 배송해 두는 예측 배송
(Anticipatory Shipping)을 시도하고 있다.

고객의 구매 데이터를 보면, 그 고객이 구매했던 세제가 언제쯤 떨어질지, 어떤
주기로 세제를 구매하는지 알 수 있고, 미리 근처로 배송을 해두어 고객의 실
제 주문 이후 2시간 내에 배송이 완료될 수 있게 한다.

고객이 주문을 하기 전에 먼저 배송이 시작되는 아마존의 예측 배송은 미리 준
비하기, 스스로 움직이게 하기가 적용된 배송의 혁명이다.

아마존은 스스로 움직이는 자율주행 화물 운송 차량과 공중부양하는 드론을
이용한 배송 시스템을 만들고 있고 이 또한 머지않은 장래에 현실이 될 것이다.
아마존은 가장 효과적으로 작동하는 배송 시스템을 만들기 위해 엄청난 투자
와 혁신을 거듭하고 있다.

2018년 1월 22일, 아마존은 오프라인 매장도 스스로 움직이도록 변화시켰다.
아마존 본사가 위치한 시애틀에서 아마존고(Amazon Go)를 대중에게 처음으
로 공개한 것이다.

아마존고는 원하는 제품을 들고나가기만 하면, 자동으로 결제가 이루어지는
무인 상점이다. 고객이 게이트를 통해 상점에 들어오면 카메라 센서가 고객의
움직임을 추적하고, 고객이 고른 상품을 자동으로 인식한 후, 고객이 상점을 나
가는 순간 스마트폰을 통해 자동으로 결제가 이루어진다. 지갑 안에 숨긴 땅콩

한 알까지 자동으로 결제되는 시스템 앞에서, 사람들은 알파고가 이세돌을 이겼을 때와 같은 충격을 받았다.

인간의 영역이라고 여겼던, AI가 절대 이길 수 없는 게임이라고 여겼던 바둑이 인공지능에게 패배하고 난 후, 사람들은 이제 인간의 일자리마저 인공지능 점원에게 빼앗길 위기에 처했다고 생각했다.

인공지능과 4차 산업혁명의 시대에서 인간의 역할은 어떻게 변화하게 될까?

단순한 반복 업무나 정해진 규칙이 있는 일들, 효율성이 승패를 좌우하는 산업, 합리적인 예측이 가능한 대부분의 일들은 인공지능에게 자리를 넘겨줄 수밖에 없다.

결국, 인간에게 필요한 것은 창의성과 아이디어뿐이다.

비대칭의 파괴적 사고 –
리틀미스매치드 (Littlemissmatched)

(출처 : 리틀미스매치드 www.littlemissmatched.com)

리틀미스매치드(littlemissmatched.com)는 짝짝이로 양말을 신는 아이들에서 착안하여 탄생한 브랜드이다.

양말은 무난한 색상과 디자인을 가지고 있어야 하고, 좌우 대칭으로 신어야만 한다는 고정관념을 유쾌하게 깨버린, 특이하고 알록달록한 디자인의 짝짝이 양말은 아이들에게 폭발적인 인기를 끌었다. 아이들은 어른과 다르게 대칭에 대한 고정관념을 가지고 있지 않았다.

리틀미스매치는 양말을 고르는 아이들의 창의성과 표현방식을 존중한다. 양말을 한 켤레가 아닌 서로 다른 종류로 세 짝 또는 아홉 짝씩 홀수로 사서 원하는 대로 매치해서 신을 수 있다.
세계적인 혁신 전략 전문가 루크 윌리엄스는 리틀미스매치드가 '파괴적 사고'로 시장을 뒤엎었다고 말했다.
리틀미스매치드 양말은 인터넷 쇼핑몰, 백화점 등에서도 살 수 있지만, 사탕 가게나 장난감 가게에서 많이 판매된다. 정말 고객을 잘 아는 회사이다.

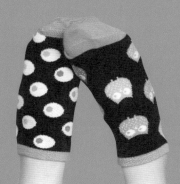

스타트업들의 방향 바꾸기 마법

여러분은 안경점에 가서, 안경테가 왜 그렇게 비싼지 놀란 적이 없는가? 사실 원재료로 따지면 플라스틱이 거의 전부이고, 대부분 대량생산되는 안경이 왜 그렇게 비싸야 하는지 사실 이해하기 어렵다.

우리 모두가 불만을 느끼지만, 그냥 지나쳐 왔을 때, '생각'을 통해 모두의 불만족을 극복하고자 했던 친구들이 있었다.

데이비드 길보아(David Gilboa)라는 미국 대학생은 안경을 분실했는데, 새로 구입하려고 하니 너무 가격이 비싸서, 한 학기 동안 안경 없이 지냈다고 친구들에게 이야기했다. 펜실버니아대 동창생이던 친구들은 안경의 가격이 왜 그렇게 비싼 것인지를 조사했는데, 미국의 안경 시장은 이탈리아의 룩소티카 등 소수의 업체에 의해 독점되어 엄청난 마진을 남기고 있기 때문이라는 것을 알게 되었다.

그들은 와비파커(Warby Parker)라는 안경 회사를 창업하기에 이르렀다.

와비파커의 판매 방식은 혁신적이었는데, 디자인, 제조, 판매에 이르기까지 모든 과정을 단순화하고, 오프라인이 아닌 온라인 판매 방식으로, 수백 달러에 이르던 안경 가격을 95달러 수준으로 낮추었다.

이들은 온라인의 경우, 안경을 써 볼 수 없다는 한계를 극복하기 위해, 새로운 아이디어를 고안했다. 소비자가 인터넷을 통해 마음에 드는 5개의 안경을 고르면, 와비파커는 5개의 안경을 무료로 배송해준다. 소비자들이 며칠간 안경을 돌아가며 착용해 본 후, 가장 마음에 드는 안경을 선택하면, 2주 후 와비파커가 맞춤 안경을 배송해준다.

이 과정에서 발생하는 모든 배송비는 무료!

2010년 창업 48시간 만에 2000건의 주문이 접수되었고, 창업 첫해에만 2만 개의 안경이 판매되었으며, 2015년에는 100만 개를 판매하여, 연 매출 1억 달러를 넘어서게 되었다.

(출처 : 와비파커 www.warbyparker.com)

와비파커에 의해 미국의 안경 시장의 판도가 송두리째 흔들리게 되었다.

구매와 소비의 패턴이 바뀌고 있다.
필요한 제품이나 서비스가 있을 때, 제품이나 서비스의 공급자를 찾아다니던
기존 방식이 무너지기 시작했다. 이제는 고객의 요구, 주문, 수요(demand)에 따
라 공급자가 소비자를 찾아가는 형태의 방향 바꾸기가 이루어지고 있다.
이러한 변화는 기존 판매채널이나 유통망을 가진 대량생산 기업보다, 대형 공
장이나 유통시스템이 없는 작은 스타트업들에 의해 주도되고 있다.

2011년 창업된 온라인 의류 판매기업 Stitch Fix도 와비파커처럼 재미있는 판매
방식으로 크게 성장하였다.
Stitch Fix 고객들이 사이즈, 체형, 원하는 가격대, 라이프스타일 등의 간단한
서베이를 온라인을 통해 진행하면, 인공지능(AI)이 고객의 취향과 선호를 분석
하여 10개의 패션 아이템을 선정하고, 패션 스타일리스트(사람)가 다시 그중 5
개의 아이템을 선별하여, 고객에게 배송해 준다.
고객은 수령한 의상들을 착용해 본 후, 원하지 않는 것들을 반품함으로써 구매
가 종료된다.
어떤 의상이 배송될지 설렘으로 기다리고, 원하는 것만 골라 구매할 수 있으
며, 흥분되는 고객의 후기는 영상으로 컨텐츠화 된다.

고객이 판매자를 찾아가지 않고, 고객의 관심과 흥미를 찾아 싸거나 어울리는
제품을 적극적으로 제시하는 홈트라이온(home try on)이라 불리는 방향 바꾸
기 판매 방식은 기존의 쇼핑 방식을 획기적으로 혁신했다.
안경이나, 의류 이외에도 방향을 바꾸어 성공할 수 있는 수많은 아이템들이 있
을 것이다. 아이디어가 시장을 바꿀 수 있는 아이디어맨들의 시대가 온 것이다.

미국 Dollar Shave Club의 창업자 마이클 더빈(Michael Dubin)은 이렇게 광고한다.

"한 달에 20달러를 내고, 비싼 브랜드 면도기를 쓰고 싶은가요?
면도기에 진동 핸들과 플래시, 10중 날이 정말 필요한가요?
매달 1달러만 내면 우리가 면도날을 보내 주겠습니다."

고객이 필요로 하지 않는 불필요한 기능으로 인해 가격이 비싸질 뿐. 정작 불편한 것은 매번 면도날을 사러 나가야 한다는 점에 착안해, Dollar Shave Club은 월 1달러를 내면(배송료 약 2달러 별도), 매달 면도날 3~4개를 배송해주는 면도날 정기 배송 서비스로 시장을 뒤흔들었다.
재미있는 점은, 이 면도기 회사는 면도기를 만들지도 배송을 하지도 않는다는 점이다. Dollar Shave Club은 한국 기업 도루코에서 면도기를 구입하여, 전문 배송 업체를 통해 배송할 뿐이다.

직원 5명이 시작한 이 회사는 창업 후 몇 년간 폭발적으로 성장하여, Unilever 라는 기업에 1조 원이 넘는 가격으로 인수되었다.

미국의 퀍(QUIP)이라는 회사는 3개월마다 칫솔모와 치약을 배달해주는 서비스 를 도입했다. 처음 구매할 때 전동칫솔 세트는 40달러이고, 3개월에 한 번씩 치 약과 칫솔모가 배달될 때마다 추가로 10달러가 든다고 한다.

국내에서도 유사한 여러 스타트업들이 고객을 찾아가는 방향 바꾸기로 시장에 도전장을 던지고 있다.
왓슈(www.whatshoe.co.kr)는 구두 수선이 필요한 고객을 직접 찾아가는 구 두수선 서비스이다. 구두 굽이 망가진 고객이 구둣방을 찾아가지 않고, 가까운 구둣방에서 고객을 찾아갈 수 있도록 하는 플랫폼을 제공하고 있다.
꾸까(www.kukka.kr)는 2주마다 꽃을 정기 배송해주는 서비스로 화훼 시 장의 새로운 성공모델을 만들어 가고 있는 스타트업이다. 홈콘서트(www. homeconcert.co.kr)는 고객이 원하는 장소로 공연을 배달해준다. 기업이나 학 교, 공공기관뿐 아니라, 가족모임이나 효도 공연 등의 가정 연주까지 고객이 원 하는 시간에, 고객이 원하는 곳에서 콘서트를 열어준다.

모두 기존의 제품이나 사업과 크게 다르지 않다. 본질적인 차이는 고객이 공급 자를 찾아가는 것이 아니라, 고객의 니즈와 수요에 따라 필요한 곳으로 제품이 나 서비스가 적극적으로 배달되는 방향 바꾸기 모델이라는 점이다.
아직 무궁무진한 가능성이 열려있다.

넷플릭스 당하다

넷플릭스 이전에 미국의 비디오 대여시장은 블록버스터라는 기업이 장악하고 있었다.

블록버스터는 오프라인 매장을 통해 대여가 발생하기 때문에, 회전율이 중요했다. 따라서 연체 시에 매우 높은 연체료가 부과되었었는데, 이는 고객들의 가장 큰 불만거리였다. 넷플릭스의 창업자인 리드 헤이스팅스(Reed Hastings) 역시 블록버스터에서 빌린 비디오가 연체되는 바람에 40달러의 연체료를 물게 되었다. 화가 난 그는 연체료 없는 정액제 대여 서비스를 구상하게 되었고 이것이 넷플릭스의 사업모델이 되었다.

넷플릭스는 고객에게 불편을 주는 것들을 빼내기 시작했다. 반납 기한과 연체료를 제거했고, 건별 결제 방식도 월 정액제로 변경하였다.

고객은 이미 월 정액으로 비용을 지불하고 있었으므로, 연체된 비디오를 반납하지 않으면 어차피 다른 영화를 빌릴 수 없었고, 이는 고객이 이미 연체료를 지불하고 있는 것과 같은 효과였다.

넷플릭스는 또한 온라인 주문 방식을 택했다. 오프라인 매장 대신, 온라인 주문을 통한 우편 배송으로 매장 운영비를 제거했다. 8.99달러부터 시작되었던 월 정액 비용도 온라인에 기반한 배송 서비스의 효율에서 나온 것이었다. 고객 또한 번거롭게 매장을 방문할 필요 없이 원하는 비디오를 온라인에서 선택하기만 하면 되어 편리했다.
고객이 방문하는 불편함을 줄이고, 고객을 찾아가는 방향 바꾸기 마법이다.

2000년부터 넷플릭스는 고객 개인별 영화 시청 이력을 분석하여, 다음에 볼 영화를 고객의 화면에 미리 준비해 두는 개인화된 큐레이션 서비스를 시작했다. 최신작이나 인기작 중심으로 대여가 이루어지다 보니, 매번 엄청난 양의 신작을 구입해야 했고, 인기가 떨어지면 재고로 쌓이게 되는 악순환을 극복하기 위해, 창고에 잠자고 있는 영화 중, 각 개인이 좋아할 만한 영화를 추천해 주기 시작한 것이다.
데이터 분석에 의한 맞춤화된 개인 큐레이션 서비스는 지속적으로 고도화되어, 최근에는 넷플릭스에서 선택되는 영상의 80%가 넷플릭스의 추천에 의한 것이라고 한다.

넷플릭스는 2006년 YouTube의 성장에서 영감을 얻어, 2007년 온라인 스트리밍(Online Streaming) 서비스를 시작했다. 블록버스터 등은 머뭇거렸지만, 넷플릭스는 온라인에 미래가 있다고 보고, 오프라인 비디오 매체를 VOD 스트리밍으로 사업의 속성 바꾸기를 시작했다.
오프라인 가입자를 온라인으로 전환시켜, 연간 3500억 원에 이르는 우편 배송 비용을 크게 줄일 수 있었고 재고 부담 등도 크게 감소하였으며, 글로벌 진출 또한 매우 용이해졌다.

현재의 넷플릭스는 빅데이터 기업이라고 해도 과언이 아니다.

넷플릭스는 몇 살의 어느 지역에 사는 어떤 고객이 어떤 배우와 감독을 선호하고, 어떤 장르나 어떤 스토리의 영화를 좋아하는지, 영화의 어떤 지점에서 영화 보기를 중단하거나, 반복해서 보는지 등의 정보를 모두 알고 있다.

넷플릭스가 분류하는 (세부적인 특성까지 모두 반영한) 영화 장르는 7만 6897개에 이른다고 한다.

이러한 데이터 분석을 기초로, 고객이 좋아할 콘텐츠를 추천할 뿐 아니라, 2012년에는 자체 스튜디오를 만들어 고객이 원하는 콘텐츠를 직접, 그리고 성공적으로 생산하고 있다.

넷플릭스는 고객에게 불편을 주는 것을 과감하게 빼내고, 고객을 찾아 움직이는 방향 바꾸기로 사업을 성공시켰고, 고객이 원하는 것을 분석해 미리 준비해 두며, 시대의 흐름을 선도하는 사업의 속성 바꾸기로 지속적으로 혁신해 왔다. 실리콘밸리에서는 넷플릭스 당하다(Netflixed)라는 말이 있다. 기존 사업모델이 새로운 혁신에 의해 붕괴되었을 때 사용되는 말이다. 2010년 블록버스터는 파산했고, 미국 케이블TV 업계도 위협을 받고 있다. (2017년, 미국 내 넷플릭스 가입자 수가 케이블TV 가입자 수를 넘어섰다.)

우버의 창업자는 1976년생의 트레비스 캘러닉이다. 캘러닉은 택시를 잡는 데 30분이나 걸려서 짜증이 났기 때문에 우버를 창업하게 되었다고 말했다. 스마트폰으로 택시를 부르면 좋겠다고 생각한 캘러닉은 더 나아가, 도로 위의 모든 운전자들을 택시 기사로 만들겠다고 생각했다.

차를 가지고 도로를 다니는 모든 운전자들과, 차가 필요한 승객을 연결시키겠다는 어쩌면 단순한 아이디어로 시작한 우버는 기업가치 135조 원(우버의 상장 후 기업가치 추정치)으로 글로벌 혁신기업의 아이콘이 되었다. 이는 GM, 포드, 크라이슬러의 기업가치를 합친 것보다 더 높은 금액이다.

우버는 차를 가진 운전자(공급자)와 차가 필요한 승객(수요자)를 연결해주는 중간매개물이다. 이 중간매개물의 역할이 단지 수요와 공급을 연결해 주는 것 뿐이라고 생각하면 오산이다.

우버는 기존 오프라인 거래와는 비교할 수 없는 편의성을 가지고 있다. 터치한 번으로 내가 있는 위치에 차량을 공급받는다.

또한 공급자와 수요자는 상호 평가되고, 그 결과가 공유된다. 기존의 택시는 택시 기사가 친절 한지를 타 보기 전까지는 알 수 없지만, 우버는 미리 평점을 보고 차량을 선택할 수 있다. 공급자 역시, 승객의 평점을 보고 불량 승객의 콜에 응하지 않을 수 있다. 품질이 예측된다는 것은 어마어마한 장점이다.

야간에 택시가 잘 잡히지 않는 것은 수요와 공급의 불균형 때문이다. 우버는 공급이 부족한 경우, 변동 가격제를 통해 가격을 올려서 공급을 확대시킨다.

우버화(Uberfication)라는 말까지 생겼다. 수요와 공급의 원칙, 재화의 효율적인 사용에 충실한, 가장 자본주의적인 경제모델로 불리는 우버의 혁신 모델은 급속도로 확산되고 있다.

에어비앤비는 2008년에 창업된 숙박 공유 플랫폼 스타트업이다. 에어비앤비는 우버와 더불어 가장 주목받는 스타트업으로 꼽힌다.
에어비앤비의 두 명의 창업자 조 게비아와 브라이언 체스키는 샌프란시스코의 작은 월세방에서 생활하고 있었는데, 월세를 내는 것도 매우 힘들었다. 당시 샌프란시스코에서는 국제 디자인 컨퍼런스가 예정되어 있었는데, 세계에서 몰려든 사람들로 주변 숙박업체들이 모두 만실 상태였다. 그때, 이 두 창업자는 숙박시설이 필요한 컨퍼런스 방문자들에게 몇 개의 에어베드와 아침식사를 제공해 주고 돈을 받게 되었다. 이렇게도 돈을 벌 수 있겠구나 생각한 이들은 월세를 계속 벌기 위해 에어베드와 블랙퍼스트(Airbed& Breakfast)를 제공해주는 AirB&B 웹사이트를 만들게 되었다.
조와 브라이언이 여기에서 그치고 말았다면 월세를 조금 절감하는데 만족해야 했을 것이다. 이들은 스스로 중간매개물이 되어, 숙박 여유가 있는 집주인과 숙소가 필요한 여행객을 연결시키기로 했다.

집을 빌려주는 사람도, 집에 묵는 사람도 서로의 평점을 매기게 하여 신뢰성을 확보했고, 집주인이 가격을 합리적으로 책정할 수 있도록 지역, 위치와 시기에 따른 수요, 숙소의 종류, 주변 숙박업소의 가격 등의 변수를 이용해 최적가를 산출해 주었다.

숙박 여유가 있는 집주인은 에어비앤비를 통해, 자신의 공간을 제공해 주면서 돈을 벌고, 여행객은 저렴한 가격으로 현지의 문화를 느낄 수 있는 곳에서 숙박할 수 있는 이 플랫폼은 공급자와 수요자를 모두 만족시키는 훌륭한 중간매개물이 되었다.

다양한 우버화, 에어비앤비화가 전 산업에서 시도되고 있다.

사무실, 회의실, 사무기기 등을 공유하는 공유 오피스 위워크와 패스트파이브, 육아용품, 가전, 일상용품 등을 공유하는 다날쏘시오, 지식이나 재능을 공유하는 크몽, 재능넷, 오투잡 등 수없이 많은 플랫폼들이 수요자와 공급자를 연결해주고 있다.

공유의 경제와는 다른 의미로 사용되지만, O2O(Online to Offline, Offline to Online) 플랫폼 역시 수요자와 공급자를 연결하는 중간매개물이다.

배달의 민족은 이미 3조 원의 기업가치를 인정받고 있고, 택시와 승객을 연결시켜주는 카카오택시도 빠르게 성장하고 있다. 숙박 앱인 여기어때, 야놀자, 부동산 앱 직방 등 많은 O2O 플랫폼들이 공급자와 수요자를 연결시켜준다.

우리가 사는 생활의 모든 부분들이 온라인을 통해 쉽게 연결되어, 서로의 잉여 자원이나 경험, 지식을 공유하거나, 손쉽게 필요한 공급자를 찾아낼 수 있도록 하는 플랫폼들은 지속적으로 확대 발전될 것이다. 아이디어가 좋다면 자금, 기술 등의 문턱이 훨씬 낮아지고 있기도 하다.

이제 시작일 뿐이다.

4차 산업혁명, 아이디어맨들에게 인류 역사상 최고의 기회가 왔다.

세상의 모든 것이 인터넷으로 연결된다면?

인터넷에 연결되는 비용이 급속도로 감소되면서 사물인터넷(Internet of Things, IoT) 시장이 활짝 열리고 있다.

이제는 기술의 문제가 아니라 상상의 문제에 더 가까워지고 있다.

인터넷과 연결된 스마트 디바이스(Smart Device)에서 정보를 생성하고, 전달(Network)하면, 정보를 처리(Cloud Computing)해, 의미있게 활용(Convergence)하는 과정을 거친다. 어떤 사물에서 어떤 정보를 활용하여, 의미 있는 변화를 만들 것인가에 대한 상상과 아이디어가 포인트이다.

PC, 스마트폰 및 사물인터넷을 통해 모여드는 어머어마한 양의 빅데이터는 서버에 모여 가공되고 의미있는 정보로 재 탄생한다. 과거와 같이 큰 비용을 들여 서버 및 네트워크 인프라를 독자적으로 구축할 필요가 없이, 필요한 만큼의 인프라를 빌려 쓰는 시대가 되었다. 아마존, 구글, 마이크로소프트 등 글로벌 기업들은 클라우드라는 이름으로 인프라뿐 아니라 빅데이터를 분석할 수 있는 서비스를 함께 제공해준다.

빅데이터는 기계학습, 딥러닝 등의 학습과정을 통해 의미 있는 정보의 구조가 만들어지고, 이것이 인공지능(AI)이 된다.

많은 영역에서 AI가 인간을 대체할 것이다. 산업용 로봇은 이미 거의 모든 공정에 도입되고 있고 택배 산업은 무인 트럭이나 드론에 의해 대체될 것이다. 3D 프린터로 원하는 것을 출력해서 쓰는 시대가 도래할 것이다.

무인 승용차와 공유경제는 내 자동차가 필요 없는 시대를 만들 것이다. 터치 한 번으로 거리의 무인 자동차가 안전하고 교통체증 없이 나를 원하는 곳으로 데려다줄 것이다. 음성으로 집안에서 필요한 모든 것들을 작동시키고, 집안의

모든 가전은 나의 라이프스타일에 맞추어 스스로 작동할 것이다.

30년 후인 2050년에는 현재 노동자의 50%가 AI로 대체되며, 현재 직업의 57%가 사라질 것이라고 한다. 현재 7세 이하의 아이 중 65%가 기존에 없던 직업을 가지게 된다.

인간은 무엇을 해야 할까?

창의적인 사람들의 시대가 온다. AI의 효율성을 사람이 따라잡지 못하기 때문에, 아이디어와 창의성의 가치가 더욱 커질 것이다.

기존의 질서가 무너지고, 새로운 질서가 자리를 잡기 전 가장 많은 기회가 열린다. 4차 산업혁명 시대의 문턱에 선 지금, 무엇을 할 것인지에 대한 아이디어가 가장 중요해졌다.

아이디어, 발상, 창조적 사고만이 새로운 가치를 만들어 낼 것이다.

1차, 2차, 3차 산업혁명을 거치면서 인간과 기계는 효율성을 놓고 서로 경쟁해
왔다. 기계에 비해 효율성이 떨어지는 모든 직업과 산업은 기계로 대체되어 버
렸다.
지속적으로 활동 영역을 넓혀온 기계가 이제는 지능을 갖추게 되었다. 지능을
갖춘 기계와 경쟁해야 하는 4차 산업혁명의 시대에, 인간은 효율성 경쟁으로는
결코 승리할 수 없다.
효율성이 아닌 창의성의 시대다.

공장을 짓지 않아도 할 수 있는 일들이 무한대로 많아지고 있다. 간단한 앱 하
나가 기존 산업군을 통째로 무너트리는 일이 비일비재해졌다. 무엇을 할 것인
가가 중요한 시대이다.

아이디어맨들에게 인류 역사상 최고의 기회가 왔다.

CHAPTER 7

아이디어
천재가 되는
마지막 마법

시간을 투자하라

메모하라.

낙담하거나 스스로 가혹한 비판자가 되지 마라.

시간을 투자하라.

아이디어를 만드는 것이 마법처럼 쉽다고 했지만, 사실 거짓말이다.
약간의 용기가 필요하다. 이 책의 마지막 장을 덮고, 평상시의 자신으로
돌아간다면 결국 아무것도 달라져 있지 않을 것이다.
그 어떤 마법 지팡이를 가지고 있더라도, 사용하지 않으면 그만이다.

좋은 생각과 혁신적인 아이디어는 시간과 노력의 산물이다.
좋은 아이디어를 잘 만드는 사람들을 관찰해보면, 아이디어를 내기 위해
더 많은 시간과 노력을 투입하는 사람이라는 것을 알아차릴 수 있다.
생각의 마법은 분명히 유용하고 많은 도움이 된다. 하지만, 그것도 사용하는
사람에게 한정될 뿐이다.

하루에 30분을 투자할 수 있다면, 당신은 분명히 그 이전과 다른 사람이
되어 있을 것이다.

메모하라.

사람들은 들은 것의 70%를 다음날 잊어버리고, 일주일이 지나면 90%를
잊어버린다고 한다. 메모는 생각 천재들의 공통점이다.
아인슈타인의 아이큐는 160이 넘는다고 알려져 있다. 그런 아인슈타인이
기자와 인터뷰를 하던 중, 기자가 아인슈타인의 전화번호를 물었다.
그러자 아인슈타인은 수첩을 꺼내 자신의 전화번호를 확인하는 것이었다.
"설마 전화번호를 기억하지 못하시나요?"
그러자 아인슈타인은 되물었다.
"적어 두면 쉽게 찾을 수 있는데, 왜 머릿속에 넣어 두어야 합니까?"
메모를 해 두면, 내가 혹시 이것을 잊지 않을까 걱정하지 않아도 된다.

사람이 머릿속에 담아둘 수 있는 생각의 용량은 한정되어 있다.
똑똑한 사람들일수록 그 사실을 인정하고 메모한다.
당장 해결책이 없는 문제점, 너무 형편없어 보이는 해결책,
사소한 아이디어라도 메모하라. 메모의 습관은 기억의 어려움을 종이에게
대신하게 하고, 머리를 창의적인 곳에 사용할 수 있도록 도와준다.

메모의 5원칙

1
그림으로 표현하라. 글보다 효과적이다.

2
메모 노트는 항상 눈에 띄는 곳에 보관하라. 보여야 사용하게 된다.

3
메모하는 시간을 따로 마련하라.
좋은 생각은 시간을 투자함으로써 탄생한다.

4
다 사용한 메모를 보관하라. 언제 그것이 필요해지는 순간이 올지 모른다.

5
메모를 재활용하라. 시간이 날 때 지나간 메모를 다시 읽어보면
예전에 생각하지 못했던 새로운 생각들이 튀어나올 것이다.
기술의 발전이나 환경의 변화가 그 당시에는 어려웠던 문제를
쉽게 해결해 주기도 한다.
아주 많은 혁신적 아이디어들이 오래된 메모에서 나왔다.

낙담하거나 스스로 가혹한 비판자가 되지 마라.

이 책의 서두에서도 말했듯이, 내 아이디어들의 대부분은
다른 사람이 아닌 나에 의해서 좌절된다. 우리들은 스스로에게 굉장히
엄격한 비판자로 자라왔다.
그럴듯한 생각들은 이미 있는 생각들이고, 비판받지 않는 아이디어는
평범한 아이디어인 경우가 많다. 자신의 엉뚱한 생각에 자긍심을 가져라.

Think different ! 다르게 생각하라! 스티브 잡스가 가장 좋아했던 말이다.
남과 다른 생각은 항상 외면받고, 비판받고, 공격받는다. 나의 생각을
공격하는 공격의 최전방에 바로 나 자신이 있음을 명심하라.
내가 하는 엉뚱한 생각, 그 시간들이 내 삶과 인류에게 엄청난 변화를
가져올 수 있다고 주문을 외워라.

엉뚱한 생각을 실천하는 사람들이 세상을 바꾸고 있다.

트리즈와 생각마법

이 책에서 소개한 20가지 생각마법은
알트슐러 박사의 TRIZ(창의적 문제해결
이론)에 바탕을 두고 있다.
알트슐러 박사는 200만 건의 특허들을
분석하여, 혁신적인 아이디어들 속에 숨겨진
공통된 패턴을 발견했다.
이 책은 트리즈를 기반으로 새로운 생각을
만들어내는 발상법에 초점을 두고 있다.